妈妈，你懂我吗

张楚涵 ◎著

文匯出版社

图书在版编目（CIP）数据

妈妈，你懂我吗 / 张楚涵著 . —上海：文汇出版社，2016.11
ISBN 978-7-5496-1881-1
Ⅰ.①妈... Ⅱ.①张... Ⅲ.①家庭教育 Ⅳ.① G78
中国版本图书馆 CIP 数据核字（2016）第 241479 号

妈妈，你懂我吗

出　版　人 / 桂国强

作　　者 / 张楚涵
责任编辑 / 金　蕴
策划出品 / MOZZIE 文治

出版发行 / 文汇出版社
　　　　　上海市威海路 755 号
　　　　　（邮政编码 200041）
经　　销 / 全国新华书店
排　　版 / 乔明月
印刷装订 / 上海新艺印刷有限公司印刷
版　　次 / 2016 年 11 月第 1 版
印　　次 / 2016 年 11 月第 1 次
开　　本 / 787×1092　1/16
字　　数 / 180 千
印　　张 / 12

ISBN 978-7-5496-1881-1
定　　价 / 58.00 元

序言

　　2015年的春节，正值传统习俗中辞旧迎新的时刻，上海新闻广播也在红红火火的气氛中改版了。《教子有方》这档沪上唯一的广播育儿教育类的品牌节目也在时间和版面上进行了微调。周一到周五的下午四点到五点，我在FM93.4的直播间里，通过电波和大家交流探讨教育的话题。这些话题中有初为父母的喜悦和茫然，有幼儿教育的期待和失望，也有升学教育的焦虑和困惑，以及青春期教育的挫折和坚持。

　　一段时间下来，我常常在节目直播后陷入沉思。家庭教育中出现的各种问题多源于错误的沟通方式。每对父母都爱自己的孩子，这一点毋庸置疑，但由于不了解孩子的内心世界，讲话的态度高高在上，即使初心是好的，教育孩子的结果却适得其反。如何和孩子找到共同话题？怎么才能奇思巧妙地回答好每一个问题？如何在对话中细雨润无声地给予引导，给予帮助，甚至给予孩子方向？

　　一个偶然的机会我认识了楚涵，请她来做节目的嘉宾并开设了"通过绘画读懂孩子的心"的专栏。在阿基米德社区一推出，阅读互动的数量始终居高不下。方法很简单，我让家长把小朋友的画作上传到阿基米德社区，节目直播时接通家长的电话，交流如何通过这幅画了解孩子的想法。记得有一次，在一个妈妈上传的画中，她和孩子的形象都很清晰，而爸爸却处在画中的一个角落里。楚涵看了之后问小朋友的妈妈："在家庭教育中，爸爸是不是参与得很少？孩子和爸爸的互动如何？"听到楚涵的提问，电话另一端有片刻的沉默，接下来是带着颤抖的回答："不是很好。"原来，小朋友的爸爸经常外出，即使在家也很少与孩子亲近。所以小朋友在画画的时候，将爸爸的角色画在了一个不显眼的地方，其实这正折射出了他的内心世界。孩子虽然嘴上不说，但在画中却表现得淋漓尽致。

　　在父母的眼中，孩子永远是孩子，是长不大的，但孩子是有思想和判断能力的。孩子向我们问问题，这是多么难得的一次情商培养啊！与孩子对话，家长真的要更有智慧，从这本书中，我们可以找到更棒的回答方式，这也是自我成长的过程。

　　爸爸妈妈们，孩子向你提问，希望得到回答的时间转瞬即逝，千万不要敷衍每一次和孩子对话的机会！对未来、性格、自己、生命、环境、人、情的早期积淀就在书中。

《教子有方》主播：
2016.5

目录

心理医生与五岁女儿的对话
妈妈 你懂我吗

1 人生探索篇

1. 我从哪里来 004
2. 我是谁 006
3. 你更爱谁 008
4. 人生难吗 010
5. 皱纹是什么 012
6. 我像谁 014
7. 结婚了会怎样 016
8. 我为什么记不住妈妈的生日 ... 018
9. 为什么药有苦有甜 020
10. 名字有意义吗 022
11. 奶奶去哪了 024

2 情绪协调篇

12. 哭对眼睛好吗 028
13. 我能赢吗 030
14. 我真的很棒吗 032
15. 妈妈，你不会死吧 034
16. 我能不去幼儿园吗 036
17. 我为什么会害怕 038
18. 你失败过吗 040
19. 我好孤单 042
20. 我怕孤独 044
21. 围巾丢了 046
22. 为什么心爱的人会变呢 048
23. 为什么王子总让公主伤心 050
24. 什么是压力 052
25. 妈妈为什么要化妆 054

4 日常生活篇

34. 关于无数个为什么 076
35. 为什么我和妈妈不一样 078
36. 为什么人有手有脚有鼻子 080
37. 太阳生病了吗 082
38. 春天也会开莲花吧 084
39. 什么是一生相依 086
40. 明年你几岁 088
41. 我会写诗 090
42. 眼睛和窗户 092
43. 离婚是什么 094
44. 你爱我有多少 096
45. 为什么答案都一样 098
46. 可以有很多如果 100
47. 爸爸的回答不一样 102
48. 小兔崽子和小兔宝宝 104
49. 你有吓尿过吗 106
50. 为什么爸爸的回答都一样 108

3 情感认知篇

26. 心是什么做的 058
27. 能多陪陪我吗 060
28. 最爱的人为什么离开我 062
29. 我很勇敢吗 064
30. 我能留它作纪念吗 066
31. 为什么每天都一样 068
32. 为什么会做梦 070
33. 心情会变颜色吗 072

6 性格完善篇

60. 妈妈为什么爱拍照 132
61. 工作难吗 134
62. 我的梦想 136
63. 透过眼睛分好坏 138
64. 我为妈妈做家务 140
65. 医生要穿白衣裳 142
66. 爱要说出来 144
67. 如何让别人开心 146
68. 有没有神仙呢 148
69. 我也当过小乌龟 150
70. 爸爸会哭吗 152
71. 妈妈要照顾我多久 154
72. 和爸爸妈妈做游戏 156
73. 妈妈总是很开心 158
74. 为什么不能天天过节 160
75. 什么是精神分裂 162
76. 妈妈在黑暗里也很美 164
77. 为什么爸爸不洗碗 166
78. 妈妈的疼痛 168
79. 时光可以停止吗 170
80. 妈妈有人陪 172
81. 给妈妈做心理分析 174
82. 为什么要蹲着小便 176
83. 爸爸的胸不好玩 178
84. 妈妈，对不起 180
85. 你会爱上我吗 182
86. 妈妈眼里的小格格 184

5 兴趣学习篇

51. 弹琴时会下雪 112
52. 还要再画一遍吗 114
53. 我的故事讲得好吗 116
54. 用琴声来治愈 118
55. 听音乐做想象 120
56. 你有隐形的翅膀吗 122
57. 电影里的故事都是真实的吗 .. 124
58. 我来编儿歌 126
59. 我给妈妈读书 128

引言

今生
可做一汪泉水，缓缓流淌。
可做一滴露珠，只争朝夕。
可为一阵清风，为你送了清凉。
可为一厢庭院，为你遮了艳阳。
可为一粒砂石，为你垫起远方的路。
可为一纸油伞，为你画一幅烟雨。

愿你——
勇敢地推开那扇门，
与这个世间问候，
身立红尘，敬畏天地。

也许——
迷茫时如水中烟雾，
会痛得流泪，
某一刻说不出话来。

希望——
你如一朵莲花，
卧得了泥潭，出得了混世。
要相信，你的魔幻人生始终美丽。

你问我：莲藕怎能做了哪吒？
我说：莲藕人形，也是尘世中的你我。
那藕去了泥，还是白生生的干净，
那泥泞的池塘如混沌的世间。
若，碎了心、断了肠、伤了神，
也要挣脱着不被污了心智，才能如那腾跃而出的莲花。
虽说，触不可及，却美得逍遥似仙。

这时，你笑着嚷：我要做哪吒。
也好，谁都有重生。

昕明语:

记得小时候,问及关于出生的话题,家长给孩子的答案现在听来非常滑稽:"你是垃圾里捡来的,你是从外面抱回来的,你是别人家不要的……"面对人生中关于生老病死的问题,很多家长常常不知如何开口。在《教子有方》节目中,常常有听众打来电话询问类似的话题,我通常会介绍一些绘本,请家长和孩子共同阅读,跟随书中的人物情感变化了解人生的意义,寻求答案,学会如何与孩子沟通。

人生探索篇（一）

01 我从哪里来

妈妈：
你从哪里来？

格格：
我从海上来
……

——《我从海上来》 步千竹 五岁

格格出生在寒冷的冬天，那夜的天空电闪雷鸣。

格格：妈妈，我是从哪里来的？
妈妈：你是老天爷送给妈妈的礼物。
格格：老天爷为什么要送我给你呢？
妈妈：很久以前，爸爸和妈妈不认识，老天爷说这两个人太好了，决定送给他们一个珍贵的礼物。老天爷给了爸爸一粒种子，给了妈妈一个花盆。爸爸把种子种到妈妈的花盆里，两个人精心照顾，小种子发芽了，开出一朵美丽的小花，就是你啊！
格格：哦，怎么种花呢？
妈妈：种花的过程其实很复杂的，需要爱，需要激情，需要体力，需要时机，需要耐心！
格格：好复杂，手上会不会脏脏的？什么是时机？春天是种花的好时机吗？
我是老天爷送给爸爸妈妈的礼物吗？
老天爷只送给了爸爸一粒种子吗？谢谢你！老天爷。

心理约谈

当宝宝闪烁着好奇的眼睛,扬起稚嫩的娃娃音询问这个问题的时候,你会怎么做呢?
严厉地禁止?转移话题?

你为什么会回避这个问题呢?是认为孩子太小,无需知道这个答案吗?是自己也羞于启齿吗?
好吧,你在小时候想过这个问题吗?

如果你用一种可爱又神似的回答告诉宝宝,猜猜宝宝会怎样呢?
宝宝会知道自己是奇迹般的存在,会爱自己,爱家人,爱小动物,爱花花草草,爱世上一切有生机的事物,热爱生命意义来自于对生命的尊重和敬畏。
宝宝六岁以后即使遇到挫折困难,厌恶自己、厌恶世界的概率也会大大降低。
无论宝宝问或者不问,你都应该骄傲且正面地表达:
你的出生是珍贵的!生命,应被热爱。

思考

生活中,身为父母的你是否与宝宝有过类似的对话?
当时你是如何回答的?

_____

_____

看了本案例的"心理约谈"后,对宝宝的类似问题,你准备如何回答呢?

_____

_____

02 我是谁

> 如果有来生,
> 我要做一颗树,
> 站成永恒,
> 没有悲欢的姿势。
>
> 一半在土里安详,
> 一半在风里飞扬,
> 一半洒落阴凉,
> 一半沐浴阳光。
>
> ——三毛

——《一棵树》 步千竹 五岁

格格坐在车上,望着窗外闪过的风景。

格格：我在思考一个问题：
　　　我是谁？你是谁？
　　　你不是你，我也不是我，我不是你，你也不是我？
　　　你从镜子里看到的是你吗？
　　　你怎么知道那个是你不是我呢？
妈妈：哦，宝宝，你思考的问题好深刻，
　　　让我想想怎么回答你。
格格：我来回答，
　　　你认为是你就是你，我认为是我就是我。
妈妈：……

心理约谈

宝宝若问你这个问题，你会晕吗？你对她/他的小脑袋感觉有压力吗？哦，那你思考过这个问题吗？你有答案吗？针对六岁之前与六岁之后的宝宝，思考和回答要有所不同。

六岁之前，宝宝会对未知事物产生好奇，如为什么会下雨，鱼为什么睁着眼睛睡觉，甚至会对人类与宇宙等产生疑问。这些问题看似与生活很远，却很有意义，它与存在感有关。如果你不回答，甚至转换话题，宝宝会渐渐生出恐惧感，类似对黑暗产生的原始恐惧，存在感会变得微弱。在六岁之后，若是这些浩瀚无际的问题仍无一丝确切的答案，宝宝内心会感觉自我的渺小，多数会表现出自卑或更强的无助感。这种深藏于心的潜意识情感能量对宝宝的未来人生影响巨大。

如果宝宝问了这个问题，至少你应该欣慰，爱思考的人总归心灵是激情永存的。
不能对宝宝说"别想这些无意义的东西"，而要用你的智慧和耐心回答她/他，你的答案无需多深刻，最深刻的问题最简单的回答，是对爱思考的宝宝最温暖的帮助。

思考

生活中，身为父母的你是否与宝宝有过类似的对话？
当时你是如何回答的？

_____

_____

看了本案例的"心理约谈"后，对宝宝的类似问题，你准备如何回答呢？

_____

_____

03 你更爱谁

妈妈蹲着给格格系鞋带。

格格：妈妈，我好想问一个问题。
妈妈：宝宝，你要问什么？
格格：你那么爱我，对吗？我想知道你更爱我还是更爱你自己？
妈妈：哦，宝宝，妈妈说实话，很多年来妈妈都爱着自己，
　　　只有更爱自己，才能爱着别人，所以妈妈更爱自己。
　　　妈妈希望你也更爱自己，这样一点点阳光就会温暖，一点点爱就会幸福。
　　　那么宝宝，我想知道你更爱自己还是妈妈？
格格：让我想想……好吧，我先更爱我自己。

心理约谈

亲爱的朋友，别担心宝宝听了会难过哦，"我的妈妈爱自己胜过了爱我"。

也不必担心宝宝爱了自己就会自私。其实，爱自己的人必定是自信的，那种对他人需求的渴望也是适当的。如一杯水本是清亮充实的，再来几滴就可以满了。而不是如黑洞一般，如何填补也不能如愿。

当然，"爱"不是街上买菜，称斤计两，多了少了。只是，在宝宝的心理世界会有此微妙的感受对比。如果家里还有另一个宝宝，这种心理对比更容易显现出来，如委屈或者嫉妒。再说，很多大人会和宝宝开玩笑：你更爱妈妈还是爸爸呢？这种横向对比与纵向对比，宝宝暂时是分不清楚的。当然，宝宝未必知道如何爱自己，但父母若能有意识地在这个阶段从思维方式上给予积极引导，她／他会是自信的、心灵会是舒展的。

六岁之后，宝宝逐渐呈现出完善的心理状态：比如，不刻意要求别人的赞赏，也不会轻易在爱的世界里迷失自己。

思考

生活中，身为父母的你是否与宝宝有过类似的对话？
当时你是如何回答的？

_____
_____

看了本案例的"心理约谈"后，对宝宝的类似问题，你准备如何回答呢？

_____
_____

04 人生难吗

格格躺在小床上，妈妈睡在大床上，两人距离不到半米。

格格：妈妈，你觉得人生最难的是什么时候？
妈妈：离别，与牵挂的人不得已的分离。
格格：我觉得人生不难。
妈妈：哦，你是指人的一生，还是你已五岁的人生？
格格：我五岁的人生不难，以后的人生也不觉得难。
妈妈：哦，宝宝，愿你的人生不难，如果离别要好好珍惜。

格格掀起被子钻进妈妈的被窝，搂着妈妈说：为了明天的离别，我要抱着你睡。

心理约谈

孩子在六岁之前也会遭遇艰难，
比如生病、骑自行车摔倒、被人嘲笑、不情愿的练习或父母暴力。
每个人都会经历人生最艰难的某一刻，那种悲伤与痛苦也许会令人颓废，
但也可以带来冲上云霄的动力。

谁都有不可避免遭遇艰难的时候，
而苦难的沉浸时间长短取决于宝宝幼年时对现实人生的认识与接纳。

不必违心地引导宝宝说生活没有苦难，
也不可消极地暗示一生艰难随处可见，
最好的引导是：艰难一定会有，关键在于我们该如何去面对它。
积极的人生态度就像降生，在艰难苦痛中，通过黑暗，奋力而出。

思考

生活中，身为父母的你是否与宝宝有过类似的对话？
当时你是如何回答的？

_____

_____

看了本案例的"心理约谈"后，对宝宝的类似问题，你准备如何回答呢？

_____

_____

05 皱纹是什么

> 格格：
> 妈妈，如果没有人等你，我会是最后等你的人。如果没有人爱你，我是永远爱你的人。
>
> 妈妈：
> 宝宝，谢谢你，
> 我也是。

——《大海》 步千竹 五岁

格格伸手摸妈妈的额头。

格格：这是什么？
妈妈：哦，宝宝，这是皱纹。
格格：我有吗？
妈妈：你是小宝宝，没有；妈妈老了，会有。
格格：我不想长大，不想你有皱纹，不想你有白头发，不想你变老。
妈妈：女儿，随着你渐渐长大，妈妈会慢慢变老的。你知道吗？
妈妈看着宝宝一天天成长是幸福的，这白发是幸福的见证。
这个世界，有些东西是不可能改变的，比如太阳从东边升起，比如妈妈对宝宝的爱，还有这白头发，让我们笑着接受它们吧。

格格含着眼泪，用小手摸着妈妈的额头，摸了很久，似乎要抚平妈妈的皱纹。

心理约谈

人生八苦之其一："老"，任谁也无力揽永春。

30岁之前感觉好遥远的事，会悄无声息地渐渐来临。老苦，不止有为自己的忧伤，还有对年轻貌美妈妈的眷恋，这种心理感受宝宝也会有。

如果还不幸被妈妈说：都是因为你，妈妈老成什么样子了。

且不说幼儿的那份忧愁没有解决，还额外负担了一份内疚感。性格奔放的孩子在有意识后，会反抗：我根本就没想来到这个世界！如果宝宝性格属于细腻多情的，那就更麻烦了，以后遇到人际问题时，总会想：是不是我的错？是不是我不够好？是不是我就不应该出现？

无论宝宝幼小的心灵是否能感受这"苦"，妈妈也应积极思考、积极面对，你的态度直接影响着孩子的人生。人，一生可遇无数负担，妈妈应该帮助宝宝，为她／他卸下这第一份重担。忧伤，需要最温暖的安抚，尤其是她／他为你而流的眼泪。

思考

生活中，身为父母的你是否与宝宝有过类似的对话？
当时你是如何回答的？

_____

_____

看了本案例的"心理约谈"后，对宝宝的类似问题，你准备如何回答呢？

_____

_____

_____

06 我像谁

格格望着雕花小镜子里的自己笑。

格格：人们都说我长得像爸爸，我觉得不像。
妈妈：那你像妈妈咯。
格格：我也不像妈妈。
妈妈：那你像谁？
格格：我不像爸爸也不像妈妈，我就是我自己，
　　　是一个有爸爸和妈妈心血的我自己！
妈妈：是的，宝宝，无论长得像谁，你都是你自己。

心理约谈

很多时候，父母在理解孩子的言语时会有自己的倾向性。
这种倾向性来自于多年的思维习惯养成，并且它会逐渐具有潜意识过滤的正面或负面含义。与小朋友谈话，需要有以小引大的能力。看似不经意的对话，其实透着微光，为孩子指引方向。

自我识别是一个孩子独立意志的开始，只有这样才能追寻最终成为什么样的人。
父母需要撇开有意识或无意识的想法，将孩子当作另一个自己，代替自己实现未完成的梦想。

而事实上，找寻自己并不是一条无比舒畅的路，与其让孩子在成长的岁月里寻得坎坎坷坷，不如先为她／他种下这颗小种子，帮助孩子从内心去寻找世上独一无二的自己。

思考

生活中，身为父母的你是否与宝宝有过类似的对话？
当时你是如何回答的？

_____
_____

看了本案例的"心理约谈"后，对宝宝的类似问题，你准备如何回答呢？

_____
_____

07 结婚了会怎样

格格画了一部电影，取名《女孩的一生》。

大致内容是：一个在沙滩上欢笑的小女孩，长大后结婚时天空下着雨，婚后就像被关进盒子里，生孩子时就像被绑在树上。与家人吃饭时，她听到电话响，想象自己拥有了魔法，变成月亮，挂在天空；变成雨滴，汇入大海。

格格：女人结婚后就不自由了。
妈妈：是的，我虽然少了一些自由却很幸福。
格格：女人生宝宝会很痛苦的。
妈妈：是的，我虽然很痛，拥有你却好幸福。
格格：可是，妈妈老了啊！
妈妈：宝宝，女孩就像一朵花，含苞时很美，花开时也很精彩，虽然有失去的，但也会得到更多。女人的一生，怎能用几句话，就说完了全部心声。宝宝，妈妈陪你体会，无论风雨挫折，妈妈希望你做勇敢、坚强、幸福的女孩。

人生探索篇（一）

心理约谈

小宝宝可以敏锐察觉，得到一样东西要付出很大的努力，甚至还会失去。
比如学习钢琴，画画，舞蹈，各种技能培养等。在她／他还未感受到快乐时，
给予他们力量去克服枯燥困难甚至疼痛的，一定是父母强有力的积极指引。

若我们也抱怨生活，计较得失，那么孩子不仅没有追求的动力，也不会知道如此努力的意义。
积极的人生态度，应该像蜡烛，从头到尾地燃烧，一直光明。

如此，才稳了孩子本能后退的心。
生活里最勇敢的人是认清生活真相，依然选择热爱的人。

思考

生活中，身为父母的你是否与宝宝有过类似的对话？
当时你是如何回答的？

看了本案例的"心理约谈"后，对宝宝的类似问题，你准备如何回答呢？

---

08 我为什么记不住妈妈的生日

格格趴在玻璃橱窗上,那里有一个小雪人生日蛋糕。

格格：如果我生了宝宝，不记得她的生日该怎么办？
妈妈：哦，宝宝，如果你真做了妈妈，一定会记得宝宝生日。
格格：为什么就不能忘记呢？
妈妈：哦，宝宝，一个人对于她最爱最重要人的点点滴滴是会记得的，这是爱的付出与被爱的需要。
格格：那我为什么记不住妈妈的生日呢？
妈妈：哦，宝宝，你还太小，记不住很正常。
格格：那你会难过吗？
妈妈：哦，宝宝，妈妈不会，妈妈知道宝宝好爱好爱妈妈。

心理约谈

对于幼儿来说，情感记忆大多来自于模糊的心理感受，
但他们却能清晰地判断出这种感受是该微笑还是哭泣。
宝宝饱满热情的情感，一定来自对父母美好的情感记忆。

许多成人的情感冷漠多来自幼年时期，父母过多的负面情绪表现，比如忽视或责骂等。
事实上，温暖的情感就像抚摸，轻柔却容易忘记。
负面的情感却像指甲划过皮肤，一次就能将十次或者百次抚摸抵消掉。

如果我们不想看到孩子青春期后对自己冷漠，
现在就要尽量给予她／他正面积极的情感关注，
努力去整理自己心中的纠结或者不满，与宝宝一起感受温暖。
最爱的人，应彼此相爱，不忍伤害。

思考

生活中，身为父母的你是否与宝宝有过类似的对话？
当时你是如何回答的？

_____

_____

看了本案例的"心理约谈"后，对宝宝的类似问题，你准备如何回答呢？

_____

_____

09 为什么药有苦有甜

格格：
妈妈，我很喜欢问为什么，你会烦吗？

妈妈：
宝宝，我不会烦。人类的智慧在于提问而不是答案。

——《踏雪寻梅》 步千竹 五岁

格格发烧了，喝下橘子味的退烧药。

格格：为什么大人吃的药苦，小孩吃的药甜呢？
妈妈：哦，宝宝，因为大人比较坚强能够承受苦。
格格：我也能吃苦。
妈妈：哦？宝宝你吃过什么苦呢？
格格：很多啊，所以我很坚强。
妈妈：是哦，能吃苦的人会很坚强，更能感受快乐和幸福。
　　　就像吃苦药后再吃糖糖，会觉得很甜很甜。
格格：那时我会用尖尖的舌头舔，会更幸福。

心理约谈

宝宝需要坚强的个性吗？答案是肯定的。
坚强决不是说来就来、说有就有，讲个道理就可以战胜一切继续往前。

先来看看什么时候是需要坚强的。
如果生活是一帆风顺，一切如意的，那么坚强是隐藏的。坚强只在苦难、挫折和困难中出现，就像救世的上帝之手。

幼儿的坚强个性培养，重在小事启发，经历、面对克服的一点点事件，都可以给予孩子耐心的鼓励和引导。比如身体上的病痛或者跑步时的摔倒，甚至一小勺令宝宝皱眉头的药丸。

直到有一天，你给予的力量在她／他成长期遇到苦难时，
那双隐藏的大手会拉着孩子跨越一道道的坎坷，使她／他获得更强大的自信和力量。

思考

生活中，身为父母的你是否与宝宝有过类似的对话？
当时你是如何回答的？

_____

_____

看了本案例的"心理约谈"后，对宝宝的类似问题，你准备如何回答呢？

_____

_____

10 名字有意义吗

你若千竹,
风气涟漪;

你若暗香,
透彻心骨。

——《走进绿色的竹林》 步千竹 五岁

妈妈带着格格找到一片竹海。

妈妈：宝宝，你走进去，站在竹林里，
　　　一阵风吹来，
　　　这么美丽的画面就是你的名字。
格格：步千竹就是这个意思吗？
　　　真的好美啊！
　　　绿色的竹子好高好高，
　　　风吹得它们摇啊摇。

心理约谈

我是谁？
人生，从认识自己的名字开始。
自我识别若在幼儿期确立，会增加幼儿的存在感、珍贵感，对一切更热情、更自信。

美好的名字对孩子的潜意识有着积极的暗示力量，
若能更早地告知幼儿名字的含义，
那就像海上的灯塔，
指引她／他找寻生命的方向。

思考

生活中，身为父母的你是否与宝宝有过类似的对话？
当时你是如何回答的？

_____

_____

看了本案例的"心理约谈"后，对宝宝的类似问题，你准备如何回答呢？

_____

_____

11 奶奶去哪了

格格指着照片里已故的奶奶问。

格格：妈妈，人死了，会去哪里呢？
妈妈：每个人都有去的地方，奶奶是星星，最终还是回到天上。
　　　妈妈是牡丹花的女儿，有一日，会回到花海里。
格格：那我呢？
妈妈：让妈妈想想……

格格给了自己答案：我是美人鱼，有一日，会回到大海里。

人生探索篇（一）

心理约谈

关于死亡的话题，成人认为过于沉重与悲伤，能不面对就不要惹孩子伤心。

岂不知，三到六岁的孩子，无论如何都会碰触到，无论是绘画作品、童话故事还是电影情节，甚至现实世界的亲人离世，孩子不可避免地会思考：死是什么？当孩子遇到并向父母寻求答案时：

1. 大人不可打断孩子的问询，不要刻意回避，需要耐心倾听。
2. 需要共情。这个问题回答起来必定悲伤，孩子若哭泣是正常的，父母需要理解，允许孩子释放正常情绪。
3. 回答方式可以是超现实的、美好的、直白的，无论何种答案都取决于父母的个性，你的态度直接引导孩子将来的生命走向：积极的或是消极的，阳光的或是阴郁的。
4. 最后的提升。若你想要一个积极且热爱生命的孩子，必须在答案的最后给予提升，对待人生终结方式将决定活着的行为方向。若父母认为生命是有意义的，活着的过程必将是精彩的。你的回答将会奠定孩子是长在山顶的大树，还是盘根在悬崖的小树。

思考

生活中，身为父母的你是否与宝宝有过类似的对话？
当时你是如何回答的？

_____

_____

看了本案例的"心理约谈"后，对宝宝的类似问题，你准备如何回答呢？

_____

_____

昕明语：

　　对于父母来说，他们往往只希望看见孩子快乐、开心等正面的情绪，不希望孩子经历愤怒、嫉妒、沮丧、失望、悲伤等负面情绪。有一次，我在导播间接到一位听众的电话，她在电话中反复说儿子很难管教，经常摔东西。我问她知道孩子为何这样表达情绪吗，她却说不出来。这其实是他们之间缺少沟通，一旦你与孩子缺乏沟通，你就无法解读孩子的所作所为，也就没有办法教育和帮助孩子。接下来，让我们在书中体会情绪的正能量，让孩子学会做情绪的管理者。

情绪协调篇
(二)

12 哭对眼睛好吗

格格：
妈妈，你猜这是哪里的晚霞？

妈妈：
宝宝，是非洲草原吗？

格格：
这是《奔跑吧兄弟》里何穗公主出现时的画面，当时背景音乐还放着："哈利路亚，哈利路亚……"

——《晚霞》 步千竹 五岁

格格：如果眼睛脏了，累了，就哭哭，
　　　眼泪会给眼睛洗一个温暖的热水澡。
　　　哭呢，对眼睛好。
妈妈：哦，宝宝啊，
　　　如果哭得眼睛肿了，还好吗？
格格：不好，就像洗澡不能洗太久，不然手都会泡皱。
　　　给眼睛洗一会澡就好了。
妈妈：嗯，哭得刚刚好，心里和眼睛都舒服。

心·理约谈

我们首先了解情绪的来源：
1. 情绪来自我们的基因遗传，无论正面或负面的情绪，只要出现都有它的意义。
2. 它来自于身体的反应，很多身心症的患者大多因为情绪累积影响了身体健康。
3. 情绪来自于思维方式，也就说你的想法决定了你的情绪。
4. 情绪与文化环境有关，也就说我们的情绪养成与父母相似，也会将其传递给孩子。

如果做情绪的主人，需要做到：
1. 无论出现什么情绪，都先接受它。美好的情绪尽情感受。负面情绪犹如信号灯里闪烁的黄灯，提醒着该去面对心中真正的问题。比如不自信时会焦虑，虽然自信不是一两日就可养成的，但至少已经知道自己不够自信。
2. 身体反应会比情绪来得更快，比如脸红，身体最先发出信号。这时，我们需要慢慢将情绪从身体中剥离，也就是控制身体可缓解情绪，比如深呼吸、肌肉放松训练。
3. 当身体的反应缓解时，需要思考和找出解决方案。比如，不开心，为什么，怎样解决。
4. 当前三点做到时，会形成良好的情绪习惯，逐渐成为情绪的主人。

思考

生活中，身为父母的你是否与宝宝有过类似的对话？
当时你是如何回答的？

_____

_____

看了本案例的"心理约谈"后，对宝宝的类似问题，你准备如何回答呢？

_____

_____

13 我能赢吗（焦虑与选择）

虔诚仰望着云开，
心中这一只鹰，
在哪里翱翔？

心中这一朵花，
它开在那片草原。

——摘自《第三极》

——《那一片天》 步千竹 五岁

格格打麻将，停牌了，很激动。

格格：妈妈，我赢了吗？成功了吗？
妈妈：哦，宝宝，这只是第一步，最终这局赢不赢还不一定，有时差一点点成功却又输了。
格格：妈妈，又来一张好牌，要不要换呢？
妈妈：宝宝啊，你若换了，机会多些，若不换，等着它来也好，只是选择，没有对错。

格格决定换，原先要胡了的那张牌出现了。

格格叹口气：是我的就是我的，不是我的就不是我的。
格格等了很久，终于胡了：是我的就是我的！

妈妈：宝宝啊，人生就像这麻将，不断地取舍，不断地选择，不断地接受，不断地开始与结束。
格格：妈妈，你教我打麻将还是讲故事呢？
妈妈：哦，宝宝，我就像那唐僧，任何事都能讲故事，你就接受我吧。

心理约谈

选择性焦虑会成为一些人的心理问题。
解决选择焦虑,必然和我们的承担能力有关。很多时候,选择没有对错。

也许在某一时刻看是错的,但在某一时期它却是有意义的。
如果没有承担结果的勇气,选择会是艰难的,必然产生情绪上的焦虑。父母在幼儿阶段培养孩子果断选择的能力,对于孩子成长期的承担力是一种早期培养,也会减少孩子的一些焦虑感。

其次,也是一种开阔的人生信念引导。当幼儿在两者之间做出选择时,父母最好再问问为什么会做此选择。孩子会逐渐了解自己选择的意义。

对以后的学习生活最大的帮助是:做事时知道为什么这么做,知道自己到底要什么。

思考

生活中,身为父母的你是否与宝宝有过类似的对话?
当时你是如何回答的?

_____

_____

看了本案例的"心理约谈"后,对宝宝的类似问题,你准备如何回答呢?

_____

_____

14 我真的很棒吗
（紧张与自信）

格格第一次参加舞蹈考试。

格格：我不紧张，真的不紧张，真的不紧张。
妈妈：宝宝啊，紧张说明你在乎，我喜欢你认真的样子，更喜欢你自信的笑脸！
格格：我真的很棒吗？
妈妈：对啊！宝宝啊，你要相信自己，就像平日练习那样去优美快乐地展现自己。
格格：如果我出错了，如果我忘记了，该怎么办呢？
妈妈：那也没关系。妈妈第一次考试时也紧张，也出错，也会忘记。
现在妈妈来帮助你，来，深呼吸……

心理约谈

如果宝宝遇到事情紧张，不一定会说出来，但会有明显的肢体语言，比如挠头、抓衣角或者想小便。如果能够说出来，一定要及时安抚孩子，切不可指责或者不在意地说："有什么好紧张的。"

紧张的情绪来源：首先，一定与此事的重视程度有关，需要父母给予这种重视的肯定；其次，肢体表现比较明显的宝宝，需要父母蹲下来一边抚摸孩子一边给予孩子帮助。抚摸和深呼吸都是减缓身体紧张的一种方式，当身体紧张得到缓解时，情绪也会稳定下来。尤其适合手心出汗，或者频繁上厕所的小朋友。

自信是战胜紧张的法宝。如果一贯比较自信的小朋友出现紧张，也许是因单纯的重视或短暂性产生自我怀疑而致。父母这时需要肯定再肯定，比如说宝宝很棒，妈妈相信你！如果平常不够自信的小朋友出现紧张，当下及时的心理帮助非常重要，还要在平日里不断提升孩子的自信。宝宝遇到重大事件产生紧张，第一时间的帮助会给她/他以后整个人生大大小小所遇到的诸如考试、面试、表演、演讲等凸显个人优势的时刻起到重要的作用！这将是获得正面关注最有效的方式，一旦战胜，自信将N倍的提升。

思考

生活中，身为父母的你是否与宝宝有过类似的对话？
当时你是如何回答的？

_____

_____

看了本案例的"心理约谈"后，对宝宝的类似问题，你准备如何回答呢？

_____

_____

15 妈妈，你不会死吧
（担忧与无助）

燃烧小小的身影在夜晚，
为夜路的旅人照亮方向，
短暂的生命，努力地发光，
让黑暗的世界，充满希望。

——伊能静

——《萤火虫》 步千竹 五岁

妈妈右边的脸肿了。

格格心疼地问：妈妈，你没事吧！
妈妈：宝宝，妈妈只是牙疼，没事，很快就好啦。
格格：妈妈，你不会死吧？爸爸会不会再找老婆呢？
妈妈：哦，宝宝，妈妈虽然很痛，但不会死的。至于爸爸是否再找老婆要问爸爸的。
格格：我不要新妈妈，妈妈是无法替代的！
妈妈：是哦，我的格格，妈妈是世上最最爱你的人哦。

心理约谈

期待性的担忧是指对未来预想之后产生的无助情绪。

这种担忧成人会有，幼儿也会有。孩子的期待性担忧往往会呈现在可预知的变化中，比如，有了小弟弟或小妹妹，妈妈还会爱她／他吗？或者爸爸妈妈吵架，孩子会担忧他们会离婚吗？性格敏感细腻的幼儿或许有预知的思考能力，但未必会有成人一般确定的信心和能力。

若孩子表达对未来的一些担忧时，父母应该重视，并给予积极明朗的回应，如此，孩子会逐渐形成一种高级情绪，可预知最坏的事情发生，却能积极地面对，也许未来最坏的事情并未发生，至少孩子在此时此刻是确定的，情感是稳定的。

就算一切真的往最坏的方向发展，孩子已经具备了面对它的能力。而这种美好的情绪，在孩子成长的路上几乎每天都在帮助她／他。现实的人生本来就是风云变幻，坐望云卷云舒的心态却是从小培养而来的。

思考

生活中，身为父母的你是否与宝宝有过类似的对话？
当时你是如何回答的？

看了本案例的"心理约谈"后，对宝宝的类似问题，你准备如何回答呢？

16 我能不去幼儿园吗
（担心与怀疑）

格格快四岁时的一天早晨，起床后对妈妈说。

格格：妈妈，我今天能不能休息一天，不去幼儿园？
妈妈：哦，宝宝，你身体不舒服吗？
格格：不是，我的好朋友童童和梁老师今天不来。
妈妈：这个原因啊？那妈妈不同意你休息，以后你喜欢的人若不在你身边，你也要快乐哦。

格格说了另一个原因：我怕陈老师，担心他不喜欢我。

妈妈：宝宝啊，那你更要勇敢解决这个问题，你可以问问陈老师的想法。
格格：好的，那我去问问陈老师。可以给他带礼物吗？
妈妈：可以哦，我们带一颗糖吧，甜甜的时候很容易打开心扉。

情绪协调篇（二）

心理约谈

宝宝不愿做一件事情总是会有原因的。
如果我们能够仔细地询问，
了解到真实原因后就可以有效地帮助孩子了。
担心的情绪往往来自对自我产生的怀疑，
这种怀疑若多了，对长久积累的自信会有很大的影响。

无论这种怀疑是否真实，
都要鼓励孩子勇敢面对并去解决问题。
这对孩子来说不止是一种自我肯定，
也是对于未来的人生之路必须承担的挫折所做出的积极努力。

思考

生活中，身为父母的你是否与宝宝有过类似的对话？
当时你是如何回答的？

_____
_____

看了本案例的"心理约谈"后，对宝宝的类似问题，你准备如何回答呢？

_____
_____

17 我为什么会害怕（害怕与勇敢）

> 格格：舍不得你走，因为我会难过，可我不能让妈妈担心，所以就忍住眼泪而微笑。
>
> 妈妈：宝宝，你知道吗？这个世上最美的女人就是含泪微笑的女人，谢谢你舍不得妈妈的情义，谢谢你忍住眼泪的坚强。

——《秘境》 步千竹 五岁

格格：妈妈，你知道我害怕什么吗？
妈妈：哦，宝宝，说给妈妈听。
格格：我怕怪物。
妈妈：哦，宝宝，这个世上没有怪物，那是人们对于不了解的事物想出来的东西，我们不怕。
格格：我怕坏人。
妈妈：哦，宝宝，这个世上真有坏人。
    妈妈有时也难以分辨好人坏人，我们要学会保护自己，什么都不怕。
格格：我怕小朋友不喜欢我。
妈妈：哦，宝宝，这个真会有，也有人不喜欢妈妈的，但我们要喜欢自己哦。
格格：为什么我会害怕呢？
妈妈：宝宝啊，害怕是自我保护产生的情绪，如果我们能够鼓起勇气面对，战胜它就会变得勇敢，最终得到很宝贵的坚强。宝宝，我们一起加油！

心理约谈

当宝宝对你说出"害怕什么"时，你应该感到欣慰，因为随之会产生一种正能量的情感：勇气。当勇气发挥持久功效时，会形成坚强的个性。

宝宝的害怕不一定是胆小，多数来源于对自我掌控力的怀疑或者否定。
比如害怕小朋友不喜欢自己，或者妈妈会离开。事实上，害怕的产生，其实是自我保护机制的启动，比如小朋友害怕火，就不玩打火机。如果不害怕火，那未必就是胆大，反而会伤害到自己。

害怕的产生既然是保护意识的开始，那么如何保护自己，就取决于大人的引导了。
不要轻易指责嘲笑她／他胆小，并对其不屑一顾，当你同样以儿时的感受想象时，你就会理解宝宝的害怕，也知道该如何引导她／他了。一定要记得：害怕时方能出现勇气，这种突破性的情感一定是父母为孩子托起的。

思考

生活中，身为父母的你是否与宝宝有过类似的对话？
当时你是如何回答的？

看了本案例的"心理约谈"后，对宝宝的类似问题，你准备如何回答呢？

18 你失败过吗（失败与成功）

格格哼着歌：
遥远的银河，
像雾般朦胧地掩住我，
我要随着微风飘出云河，
勇敢地走出那空虚寂寞……

——《银河》 步千竹 五岁

格格的油画每次都卖个五块十块，这次的作品画坏了。

格格：妈妈，我的作品失败了，你也不能买我的画，我很不开心。
妈妈：哦，宝宝，没关系，我们再来！
　　　妈妈也失败过好多次，当医生的时候也不能把每个病人都治好；
　　　当心理咨询师的时候也无法治愈每个人，做衣服也不会一次做好。
格格：那你选老公失败过吗？
妈妈：哦，宝宝，我谈恋爱失败过，最后选老公就成功了。
格格：你怎么会选这么凶的老公呢？
妈妈：哦，宝宝，谁都会有脾气，对于相爱的人来说这不算什么。
　　　就像宝宝无论什么样子，妈妈都好爱好爱。

心理约谈

挫败感是每个孩子都会有的情绪。
在孩子成长过程中，无论是学习的过程还是情感的交流，往往都不是一帆风顺的。

现实告诉我们，只有一次次经历挫折才可以羽翼渐丰。
孩子的挫败感来临时，尊重孩子的情绪，允许她/他的不开心与失落。

父母此时应尽力地安慰孩子，以达到理解与共情，或以自己的失败经历鼓励她/他，
我们抱有的信念是：无惧挫折，拥抱挫折，因为它的到来会让成长之路再多上一个台阶。

思考

生活中，身为父母的你是否与宝宝有过类似的对话？
当时你是如何回答的？

_____

_____

看了本案例的"心理约谈"后，对宝宝的类似问题，你准备如何回答呢？

_____

_____

19 我好孤单（孤单与温暖）

即使偶尔
不知道未来，
也请相信
并等待着我。

——《等待》 步千竹 五岁

格格三岁，第一天上幼儿园放学后。

格格：妈妈，别的爸爸妈妈来接他们的宝宝，我的爸爸妈妈还没有来时，我说了一句话，你知道我说什么吗？
妈妈：哦，宝宝，你说什么？

格格停顿一下，说：我说的是，我好孤单，好孤单，好孤单，然后，我就哭了。
格格说完扭头不看妈妈的脸。

妈妈心疼地抱着宝宝：有时，妈妈也会有孤单的感觉。如果能够笑着面对，眼泪也会是甜的。
格格紧紧地抱着妈妈……

心理约谈

孤单感是比较高级的情绪，
不是所有孩子都有或者能表达出来的。

但孤单的状态却会时常出现。
比如被别的小朋友孤立，或者一人做事，
甚至安全感很强的小朋友也会如此。

孤单感是忧伤的，
如果孩子的个性属于细腻敏感型，
那么温暖的抚慰一定会驱散那如朦胧月色般的忧伤，
散发太阳般的光芒。

思考

生活中，身为父母的你是否与宝宝有过类似的对话？
当时你是如何回答的？

_____

_____

看了本案例的"心理约谈"后，对宝宝的类似问题，你准备如何回答呢？

_____

_____

20 我怕孤独
（孤独与恐惧）

一日，格格做什么事情都要妈妈陪着。

妈妈：宝宝啊，为什么总让妈妈陪着呢？
格格：妈妈，我害怕孤独。

妈妈抱着格格：哦，宝宝，我们都害怕孤独，但却在某些时刻一定会孤独，所以，我们要接受孤独并且战胜它！

晚上，格格自己走近没有灯光的书房拿东西，出来后说：妈妈，我在战胜孤独。
妈妈又一次搂着宝宝：宝宝，孤独时想想妈妈的爱，会很温暖，就像思念也可以很美……

心理约谈

孤独不是情绪，而是一种心灵感受。

孤独，在人生的多个时刻必然会出现。孤独，并不可怕，却会将无数人打倒在人生的阴影里。孤独来自灵魂深处，是人类长久以来期盼获得心灵想通而产生的情感。

这种感受在某一时刻或者多年的情景下也许会停止不前，似乎与安全感或者爱无关，但与理解、交融有共鸣。幼儿在三到六岁时可感知孤独，这并不是坏事，凡是思考型的孩子多数会有此感受。

面对产生孤独感的孩子，父母的引导不可忽视，需要帮助孩子正面接受必然产生的孤独感，并且享受孤独。如此，孩子在未来的成长之路上未遇知己或遭他人不理解时，方能静心接受，甚至在孤独中进行神奇的创造，而不是深陷黑暗笼罩的恐惧中。孩子的孤独感若不能有效化解，将逐渐衍生出恐惧。

思考

生活中，身为父母的你是否与宝宝有过类似的对话？
当时你是如何回答的？

_____

_____

看了本案例的"心理约谈"后，对宝宝的类似问题，你准备如何回答呢？

_____

_____

21 围巾丢了（失去与珍惜）

格格：
妈妈，这世上有能一次完成的事吗？

妈妈：
哦，宝宝，应该有。但大部分创造性事物需要不断重来，推翻，再重来，直到自己认为更好为止……

——《烟雨》 步千竹 五岁

格格好喜欢的小红帽和花围巾丢了。

格格哭着说：我好珍惜它们，可我却把它们弄丢了。

妈妈安慰着格格：我们很珍惜，很珍惜了，对吗？我们已经找了很多次、很多次，对吗？
格格哭着点头：嗯。

妈妈：宝宝啊，世上没有一种状态会永恒，不论好的或者坏的。
我们不能静等岁月磨着自己放手与释怀，唯有带着阳光的心，去开始下一段旅行。

心理约谈

人的一生都在失去中，无论成人或孩子。
喜欢的东西也许真的会消失，爱过的人也许会离开，曾经最美好的时光总会过去。

预期的失去，痛苦尚且不可避免，何况意外的失去。失去的往往是格外在意的，因为在意才会痛。失去前是否珍惜却因人而异。对于生活里不断的失去，从小事到大事，从孩子到成人，都需要珍惜那份珍珠一般闪烁的存在，要尊重个人的在意，如此方可坦然地接受并再次启程。

对幼儿的情商培养，不仅是为了当下含泪的微笑，更是为了应对更长远更重大的失去。
那时，我们的孩子已经准备好，也许还会哭还会痛，却已经知道擦干眼泪努力前行。温暖的心，不是不在意，不是不心痛，只是痛了哭了也要有尊严地活下去。

思考

生活中，身为父母的你是否与宝宝有过类似的对话？
当时你是如何回答的？

_____

_____

看了本案例的"心理约谈"后，对宝宝的类似问题，你准备如何回答呢？

_____

_____

22 为什么心爱的人会变呢
（爱与包容）

格格和小朋友开心地爬沙发，爸爸不让格格爬。

格格：爸爸，你不喜欢我啦！
爸爸：对，我不喜欢你了。

格格哭了：为什么？为什么啊？为什么心爱的人会变呢？

妈妈：宝宝啊！你好好想想他爱你的心，就知道答案了。
　　　心爱的人是不会轻易变的，尤其是爸爸对格格的爱。
格格：爸爸也说不喜欢我了。
妈妈：哦，宝宝，谁都会有小脾气，我们通过了解他的真心来包容他吧。

心理约谈

心爱的人会不会变呢？
不敢保证爱情与婚姻中的男女的爱，但可以肯定父母与孩子之间的爱会是永恒的。
人们在最爱的人面前是真实的，这种真实对于感受一方来说有着特殊的意义。

每个人，包括我们的孩子，都是独立的个体，有自己的思想、情绪和认识。要尊重对方的情绪个性，从爱出发包容对方的优缺点，让爱的整个过程波澜壮阔且美好。

幼儿阶段，如果孩子对父母的情绪特点和个性有所了解，并能很好地理解，那么在其他人际关系中也会找寻更积极的相处方式。

父母与孩子之间的点滴相处直接影响到孩子逐渐需要适应的人际环境，甚至更长远的情感关系，比如爱情与婚姻中。

思考

生活中，身为父母的你是否与宝宝有过类似的对话？
当时你是如何回答的？

_____
_____

看了本案例的"心理约谈"后，对宝宝的类似问题，你准备如何回答呢？

_____
_____

23 为什么王子总让公主伤心
（相信与信念）

格格喜欢一条紫色的梦幻小纱裙，穿着旋转了几圈。

格格：妈妈，我是公主哦，你也是公主，爸爸是王子。
妈妈：宝宝，是哦。
格格：为什么王子总让公主伤心呢？
妈妈：哦，宝宝，也不一定的，爸爸没有让我伤心哦，爸爸好爱妈妈呢。
　　　世上的爱情有美好也有悲伤，但无论如何，宝宝你要知道，积极阳光的女孩一定拥有幸福的爱情，你若相信，也将获得。

心理约谈

培养孩子的信念需要从相信开始，这不单单指的是爱情。
比如相信自己可以做到等等。信念分为积极的与消极的，它可以给我们带来强大的力量，同时也具备毁灭的功能。消极的信念多来自于家庭环境。

比如爱情，一位母亲会告诉女儿"天下男人没有好的"。女儿会因为情感需求追寻爱情。这时，消极的观念会给她带来苦恼，是相信爱情还是相信母亲？

信念，也许我们从未感受过它的存在，也未必真的存在。但积极的信念会引领我们去感受和证实。信念的记忆系统很强烈，精神分裂的人也许会失去逻辑思维能力，但信念却无法被改变。宗教信仰实属信念的一种特殊形式，客观上即使我们无法确认上帝的存在，人们也未曾亲身经历和感受，若一旦认定它的存在，却不比其他任何一种信念差多少。如果你也具备积极的信念，并传递给你的孩子，让孩子从相信开始，一点一滴将其汇聚成积极的信念，它会像一双天使的翅膀，自由快乐地扩展到生活的各个方面。

思考

生活中，身为父母的你是否与宝宝有过类似的对话？
当时你是如何回答的？

_____
_____

看了本案例的"心理约谈"后，对宝宝的类似问题，你准备如何回答呢？

_____
_____

24 什么是压力
（压力与动力）

妈妈在写关于"压力"的心理测试，格格也想参与测试。

妈妈：好吧，现在我们做第一题：你是否感觉压力过大？
格格：什么是压力？
妈妈：哦，宝宝，压力就是你面对要做或者正在做的某件事时出现的紧张或期待的感觉。
格格：那我有压力的，手拉手艺术团马上要考试了，我很紧张。
妈妈：哦，宝宝啊！压力在你自信的时候是动力。你有自信吗？
格格：我有啊！
妈妈：太好了，宝宝，你就像平时一样热情地去舞蹈，过程比结果重要得多。

心理约谈

压力是对于所期待的事情或状态呈现出的一种应对模式，就像是背着一座山去征服远处的高山。压力来源各有不同，需要仔细分析和解决。幼儿的压力有一些来自父母的期待，比如父母希望孩子成绩优异。大多数父母也许要求并不高，但幼儿自身也会产生压力。比如幼儿园吃饭慢的小朋友，会因此产生压力而不想上幼儿园。孩子参加考试时，有的也会产生压力综合征，比如频繁上厕所、胃口不好或者睡眠不安等。如果父母能确知孩子的状态，并结合特别的事件，细心关切地询问，就会区分孩子是否是压力引起的身心改变。

父母应重视孩子第一次参加考试或者面对大事件的心理变化，帮助孩子有效化解压力，这样可以促使孩子在以后面对各种大大小小的考试或者事件时，形成积极的应对习惯，帮助她/他拿掉身上看不见的大山。

解决幼儿压力的问题，最重要的还是培养孩子的自信。其实，就算是非常自信的小朋友也会有压力感，只不过轻重不同而已。将压力转换为动力，是一种积极的思维方式，需要更早地介入和更细心地培养。

思考

生活中，身为父母的你是否与宝宝有过类似的对话？当时你是如何回答的？

看了本案例的"心理约谈"后，对宝宝的类似问题，你准备如何回答呢？

25 妈妈为什么要化妆
（自信与鼓励）

妈妈用化妆棉擦掉脸上的彩妆。

格格：妈妈，这是在干吗呢？
妈妈：哦，宝宝，妈妈化妆了要卸妆。
格格：妈妈，你不用化妆。
妈妈：化妆会更漂亮啊。
格格：妈妈，你不化妆也漂亮，你要自信，自信就漂亮，不自信就不漂亮。
妈妈笑：宝宝，你说得太好了。你漂亮吗？
格格说：漂亮。
妈妈点头：嗯，格格宝宝自信哦。

心理约谈

自信是发自内心对自我的认可。每个人做事的能力未必都很强，自信却能给予力量与勇气。自信，需要知行合一，一次次敢于尝试、敢于历练，自信会夯实得坚固有利。

真正的自信，不会被他人三言两语击垮，更不会在挫折后消失。在顺境中获得自信很容易，而在逆境中培养自信却不是那么轻而易举，需要去不断努力。幼儿的自信，一定与父母从小给予孩子的肯定和信任有关。过多的指责、干涉、失望、愤怒都会影响孩子的自信。不可否认，妈妈如果自信，她的宝宝也会自信。言传身教的力量比任何一种教育都有效。不必担心给予太多赞美或鼓励会导致孩子盲目自信，以致经不起挫折。

事实上，自信的父母会通过各种积极有效的方法来帮助孩子。现实生活中，打击孩子自信的事会接踵而至，否定她/他的人也会不断出现，但我们的父母不要做第一个打击孩子的人，如果你能给予孩子最正面的赞美和认同，今后，孩子也许不会在意那么多人的眼光。在孩子心里，最信任的父母比任何人的言语都重要。让每个孩子以不同的方式绽放，并且认可她/他，赞美她/他，是父母给予孩子自信最好的培养。

思考

生活中，身为父母的你是否与宝宝有过类似的对话？
当时你是如何回答的？

_____

_____

看了本案例的"心理约谈"后，对宝宝的类似问题，你准备如何回答呢？

_____

_____

昕明语：

　　《教子有方》节目请楚涵来做嘉宾，主题是透过孩子的绘画去解读孩子的内心世界。随着孩子情感认知的逐步形成，他们的内心想法会真实地反应在画作中。家长们通过孩子画中的人物和色彩，走进孩子的内心世界。试想，当孩子哭了，你是否会陪伴在他身边，给他哭的权利？等孩子哭够了，说够了，你会和他（她）说什么？跟随这个篇章，一起培养孩子的情感认知吧。

情感认知篇

(三)

26 心是什么做的
（脆弱与坚强）

格格伤心的时候总说自己的心一点一点碎了。一天，格格和妈妈对着风扇说话，风的转速改变了她们的声音。

妈妈：格格啊，你的心好容易碎啊，是什么做的呢？
格格：我的心是玻璃做的。
妈妈：格格啊，妈妈希望你的心是用金子做的。
格格：妈妈啊，我现在做不到啊。
妈妈：没关系，宝贝，总有一天玻璃心会变成金子心啊。
格格：妈妈，你的心是什么做的？
妈妈：我的心是爱做的。
格格：爸爸，你的心是什么做的呢？
爸爸也蹲在风扇前回答：我的心是肉做的。

心理约谈

在幼儿时期，每个人的心都如玻璃一样易碎。

毛毛虫蜕变成蝴蝶是需要过程的。宝宝出生的那一刻先天带着独有的气质，有的属于敏感细腻型，有的却是豪爽无畏型。无论哪种气质的小孩子最终都会拥有多种高级情绪与情感。对于不同气质的小孩，在教育方面要有针对性的养育之外，更为重要的是接受她/他的个性。

孩子的个性并无好坏之分，只不过需循序渐进的引导。比如格格的个性属于敏感细腻型，因为细腻会察言观色，通过人们的眼睛知道对方是否喜欢自己，如果发现自己不被喜欢的时候就容易伤感。我在接受格格这样的个性时，是欣喜的，只需要让她知道如何自我保护就好了。事实上，格格是一个非常坚强的女孩，有着超强的忍耐力，在我的鼓励下善于表达自己真实的内心感受。如此，我才能陪伴她、帮助她慢慢获得强大的内心。

我们每个人出生时都是一张白纸，接受它、认可它，才可以一起涂抹出灿烂的色彩。

思考

生活中，身为父母的你是否与宝宝有过类似的对话？
当时你是如何回答的？

看了本案例的"心理约谈"后，对宝宝的类似问题，你准备如何回答呢？

27 能多陪陪我吗
（情绪与感受）

周末的清晨，爸爸早早地就出门了，格格吃好早餐在客厅玩。
那时妈妈躺在床上睡觉。

过了很久，格格跑过来：妈妈，你起来，陪陪我吧。
妈妈迷糊地说：下午妈妈要工作，让妈妈再睡一会吧。
格格说：我还这么小，你能多爱我一点吗？你能多照顾我一点吗？你能多保护我一点吗？
妈妈立刻清醒，从床上蹦起来：能，能，能，妈妈一定能。
妈妈抱着格格狠狠地亲：你说的话句句打动妈妈的心，你真棒！

心理约谈

很多时候我们会听到对方在细致地描述事件，然而问及心理感受时，她／他却说不出来。事实上，每个人的情绪都需要释放，不可压抑，不能回避，也无需克制。幼儿释放的情绪大多为发泄式的暴风骤雨或连绵阴雨。在哭的时候准确表达心理感受，这种称为太阳雨的情绪释放是最好的。其实，事件本身并不重要，关键在于事件带给人们的心理冲击。学会总结归类自己的感受，就会快速缓解甚至规避负面情绪。

从格格小时候起，在她哭的时候我都会鼓励她慢慢尝试说出自己的想法，她发自内真诚的情感描述，往往会让我瞬间理解她的情绪和内心。而且她良好的口语表达会让我更懂她，接下来就会知道该如何来帮助她。宝宝在语言发育还不是很好的时候，无法作出贴切的总结，但绝对有强烈的心理感受，这就需要父母正确的分析和引导。父母通过耐心细致的询问方式，与孩子建立良好的沟通模式，这对于长久的亲子关系也有很大的帮助。

如果你想哭，别只说不开心，而要说出为什么想哭。别总说"是他让我哭"，最好说"我很委屈，因为我不是他说的那样"……
良好的沟通，是从彼此的感受说起。

思考

生活中，身为父母的你是否与宝宝有过类似的对话？
当时你是如何回答的？

看了本案例的"心理约谈"后，对宝宝的类似问题，你准备如何回答呢？

28 最爱的人为什么离开我
（离别与伤感）

背影，总是很简单；
简单，是一种风景。
背影，总是很年轻；
年轻，是一种清明。
背影，总是很含蓄；
含蓄，是一种魅力。
背影，总是很孤零；
孤零，更让人记得清。

——汪国真

——《我的故乡》 步千竹 五岁

格格睡觉时情绪很低落，爸爸建议她说出来，看能否帮助她。格格不想说，说谁也帮不了她。再三劝说下，格格说了一句话就哭了。原来她听说梁老师下学期要带别的小班了。这事我们还真帮不了宝宝，只能对格格说"心里难受就哭会吧"。

格格一边哭一边说："我最爱的人为什么离开我啊？以后梁老师不能对我温柔，对别人温柔了。梁老师不在，我可怎么活呢？如果陈老师、月月老师都换了，我更活不了了。我只要梁老师和我在一起。妈妈，你不要觉得我爱老师比爱你多，人家离开我了啊！"

那一刻，妈妈一直抱着格格。

情感认知篇（三）

心理约谈

人生会遇到许多次大大小小的离别，也许是拖着旅行箱与父母告别，也许是坐着火车望着窗外的家乡越来越远……

如果离别是为了梦想，想飞得更高，或许这种离别伤感度会轻一些。
如果离别是彻底地分开，那么这种离别则是说不出的无奈与悲伤。

当我们面对沉重的离别时，语言往往是苍白的，唯有身体的温暖是最好的安慰。
孩子因离别而伤感是单纯感情的不舍，父母不能用自己的心去评定这件事的伤感度，而是要尊重孩子的情感，那么当她/他在以后的人生中面临更大的悲伤时，你虽不能给予很多帮助，却能与她/他同在，因为陪伴是最好的心灵抚慰。

思考

生活中，身为父母的你是否与宝宝有过类似的对话？
当时你是如何回答的？

_____

_____

看了本案例的"心理约谈"后，对宝宝的类似问题，你准备如何回答呢？

_____

_____

_____

29 我很勇敢吗
（后退与突破）

格格望着高高的拓展训练设备说要上去试试。
因为这个拓展训练是针对孩子的游戏，所以大人只能站在下面看着。
格格上第一层时还好，能哆哆嗦嗦地走完。但面对第二层的挑战，她哭着说要放弃。过了一会儿，格格试着往上爬，这次她没有后退，虽然每走完一个环节就要哭一会，但却能擦干眼泪继续前进，直到走完第二层所有的环节。拓展训练结束后，格格笑着奔向妈妈。

格格：妈妈，妈妈，我很勇敢吧？我走完了全部障碍。
妈妈也无比激动，搂着宝宝：女儿，你真棒！勇敢是明知害怕还能面对并且坚持！
格格：还有一个让我勇敢的理由，你知道吗？
妈妈：哦，是什么呢？
格格：妈妈，我不想浪费你的钱，120元呢！
妈妈：谢谢宝宝你顾念妈妈。即使放弃第二层也没有关系，可你突破了自己，这才是最最可贵的。

心理约谈

幼儿阶段，生活里未必有大的障碍或困难，却会有令孩子退缩的现象。
比如拒绝上台讲故事或者表演。这些退缩或许不至于影响自信，但如果可以突破自我设置的障碍，那么将会获得满满的自信。

在挫折困难中获得的自信，更能让幼儿的内心变得强大。
幼儿若愿意尝试突破，父母应当鼓励和支持。不必担心会引起其他创伤，比如恐惧或害怕。

因为幼儿从高峰体验后获得的自信会将过程中的阴霾一扫而空，如同跋山涉水屹立山顶时，一路的艰辛皆化作豪迈。如果重视孩子幼儿期的自我突破，那么未来的她/他才可能是勇敢的、自信的。

思考

生活中，身为父母的你是否与宝宝有过类似的对话？
当时你是如何回答的？

看了本案例的"心理约谈"后，对宝宝的类似问题，你准备如何回答呢？

30 我能留它作纪念吗
（细腻与柔情）

格格有一个粉色的小马桶垫，
放置马桶上不至于掉到坑里去。
这天，
格格说她长大了不需要了，
自己爬上马桶果然没有掉下去。

格格特别叮嘱：妈妈，把我的小马桶垫收好，等我长大了留给我的宝宝。
妈妈笑：那时可以给你的宝宝买新的。
格格使劲眨着眼睛：妈妈，我想留念，那是我的妈妈送给我的。
格格没有哭，但却红了眼睛。

情感认知篇（三）

心理约谈

每个孩子都是天使，拥有自己独特的气质。

宝宝出生后，逐渐显露自己的性格，无论如何，父母应先去接纳他们的性格。事实上，性格没有好坏之分，关键在于如何引导性格向积极阳光美好的方向发展。

对于格格先天带来的气质，我是欣喜并接受的。格格是一个细腻敏感的小孩，两个半月大时，听《人鬼情未了》的主题曲会流泪。那时，我就知道女儿的气质。因为细腻，所以孩子的感受力、观察力、理解力非常好。孩子毕竟弱小，如果这种细腻往负面方向发展的话，很容易委屈，成为自伤型了。因此我在格格的性格培养上，会让她的细腻柔软尽情发挥，努力引导她的这份美好的气质往积极正面的方向走。

如果你的宝宝是豪迈不拘小节的个性，那么请欣赏她／他，越来越强大的她／他会让你自豪。如果你的孩子如格格般温柔细腻，就请好好地、温柔地对待她／她。

思考

生活中，身为父母的你是否与宝宝有过类似的对话？
当时你是如何回答的？

_____

_____

看了本案例的"心理约谈"后，对宝宝的类似问题，你准备如何回答呢？

_____

_____

31 为什么每天都一样
（烦躁与耐心）

格格：
我想坐在竹子上一边吹风一边看月亮，但是我太沉了，会掉下去吧。

妈妈：
哦，宝宝，在绘画的世界里你可以做到啊！
格格：那我来画吧！

——《竹仙子》 步千竹 五岁

格格：为什么每天要上幼儿园？！
妈妈：哦，宝宝，妈妈为什么每天要上班？
格格：为什么每天要画画写字？！
妈妈：哦，宝宝，你为什么每天要吃饭？
格格：为什么天天洗澡啊？！
妈妈：哦，宝宝，猪为什么不洗澡啊？
格格：妈妈啊，是我问你，不是你问我。
妈妈：哦，宝宝，你回答了妈妈的问题就知道自己的答案。

心理约谈

"耐心"是一种能力,如一滴滴水,可以累积穿石。

而这种能力的缺失会引发"烦躁"情绪。幼儿教育贵在父母的耐心。无论孩子突发何种状况,父母都要有以不变应万变的耐心。虽然有时候父母很难做到耐心,但也要努力去做。

孩子的提问会上天遁地、天马行空,考验着父母的智商和情商。

如果父母缺乏耐心的回应,孩子所拥有的热情就会逐渐消退;同时,她/他的耐心也会随着父母的态度慢慢消退,进而产生烦躁情绪。

耐心,一定和认知有关,父母要清楚了解"耐心"对教育的好处。如果父母觉得无所谓,那么孩子就会如野草般生长;但如果你希望孩子可以耐心地做一件事,那你就先做好榜样,并将此传递给孩子。

思考

生活中,身为父母的你是否与宝宝有过类似的对话?
当时你是如何回答的?

_____

_____

看了本案例的"心理约谈"后,对宝宝的类似问题,你准备如何回答呢?

_____

_____

32 为什么会做梦（梦与真实）

春有百花秋有月，
夏有凉风冬有雪。
若无闲事挂心头，
便是人间好时节。

——宋·无门禅师
《颂平常心是道》

——《夜里的花》　步千竹　五岁

格格从梦中醒来。

格格：为什么鱼儿不做梦，人会做梦呢？

妈妈：因为人的脑袋里有个魔幻的小盒子，睡着的时候就会自动打开，
　　　变成奇奇怪怪好玩的事情，这就是梦。

格格：那为什么梦里会笑、会流泪？

妈妈：因为梦是梦想的呈现，有梦想的小宝宝就会做梦。

格格：我在梦里嘘嘘，就真的嘘嘘了。我在梦里搂着妈妈，就真的搂着妈妈。
　　　可是，我在梦里吃棒棒糖，为什么就没有真的吃到棒棒糖呢？梦里变成美人鱼为什么实际
　　　上就不变呢？为什么有的梦可以实现，有的梦就不能变成真的呢？

妈妈：哦，宝宝，关于情感和生理的梦最容易实现，比如你嘘嘘或者搂着妈妈。
　　　而原本就渴望的，幻想的事情白天就很少发生，也就更难实现了。

格格：妈妈的意思就是说白天我能做到的事情会成真吗？

妈妈：嗯，是的，我的宝宝。

格格：我的梦是彩色的，有好多好多颜色。

妈妈：是啊，宝宝，我们的世界也是彩色的。

心·理约谈

梦是潜意识世界的活动，不可思议却最为真实。
幼儿的梦与成人的梦一样，现实生活的欲求不满，会通过梦获得满足和释放。

其实，美梦是可以自己创造的，就像幼儿的梦大多是美好的。
梦是了解自己的地方，无论梦里的内容如何荒诞离奇，但梦中所出现的情绪与现实情绪是一致的。
梦是释放的过程，平日里的压抑完全在与现实相反的意境中得以满足。

幼儿的梦大多是彩色的，起床后也未必能记得清晰。
但如果她/他和你讲述自己的梦，请仔细倾听，宝宝的脑海深处还有许多美好之处等着你去探索，它会帮助你更了解宝宝。

思考

生活中，身为父母的你是否与宝宝有过类似的对话？
当时你是如何回答的？

_____

_____

看了本案例的"心理约谈"后，对宝宝的类似问题，你准备如何回答呢？

_____

_____

33 心情会变颜色吗
（情绪与颜色）

看完电影《疯狂外星人》，格格和妈妈聊天。

妈妈：如果我好爱格格，会变成什么颜色？
格格：粉红色。
妈妈：如果我好忧伤呢？
格格：蓝色。
妈妈：如果我很生气呢？
格格：红色。
妈妈：如果我说，"哼，格格，我不爱你了"呢？
格格：妈妈撒谎，会变成绿色。
妈妈：哎哟，我好像忘记一个颜色啊？
格格：如果妈妈很开心，会变成橘色的。
妈妈：宝宝，你还能想到什么？
格格：章鱼也是这样变颜色，那个外星人很像章鱼……

心理约谈

人难免会被情绪所影响，好的情绪可以给我们温暖，也提醒着内心要强大。情绪如同颜色，没有单一的好也无绝对的坏。如同红色可充满热情也具有愤怒的毁灭力。恐惧时一切如黑色，沉稳时也固如黑。望着蓝色的月亮会忧伤，面向蓝色的大海会理性。情绪被赋予色彩后，感知时会比较强烈。内心过多的累积一种或多种负面情绪后，人的情感也会趋向于相似的颜色，甚至身体也会发生变化。比如总是烦躁的人，面色不会是苍白的，更多时候是潮红。幼儿在慢慢成长中有了情绪，并呈现出多种类型。对于幼儿正面积极的情绪父母应给予鼓励，而负面消极的情绪则更需要父母的耐心与帮助。

幼儿出现负面情绪时大多会以哭闹的形式直接表达出来。这时，父母需要蹲下来与宝宝对视，一步一步帮助孩子：

1. 接受宝宝的情绪，让情绪释放出来。
2. 孩子哭的时候，身体会发抖，喉咙哽咽。最好蹲下来抚摸孩子，帮助她/他将身体先稳定下来。
3. 当你发现，孩子渐渐有些缓解时，就可以询问了。宝宝，为什么哭啊？找到原因，找寻解决方法。解决事件本身还需要时间，但情绪上会稳定下来。比如自信，孩子不可能立刻自信，但你告诉她/他要相信自己，至少这一刻的情绪得到了积极的调整。

思考

生活中，身为父母的你是否与宝宝有过类似的对话？
当时你是如何回答的？

看了本案例的"心理约谈"后，对宝宝的类似问题，你准备如何回答呢？

昕明语：

　　对于很多家长来说，每天都是过着朝九晚五，工作、孩子两头烧的"苦"日子，在家庭教育中难免会不自觉地表现出消极、疲惫，甚至是不耐烦的情绪。对我来说，节目直播一周五天，一年200多个话题，如何才能让听众每天感受到我对节目的热情也很重要。不同问题有不同解读，同样问题也有多重角度。积极的心态决定了处事的结果。

　　这个篇章将告诉你生活细节对孩子的重要性，因为它是激发孩子热爱生活的源泉。当你愿意回答孩子提出的无数个"为什么"时，你就是全能的"大白"，充满自信，也才能拥抱生命中的美好。

日常生活篇（四）

34 关于无数个为什么

宝宝的提问

格格:妈妈,我能问你问题吗?
妈妈:好,你问!

格格开始问:"3+5","9+1"等于几?
小花和蓝色有什么关系?
浴缸里的水,塑料袋里的水,杯子里的水哪个能喝?
猪和羊谁聪明?
灯泡与圆形和三角形有什么关系?
妈妈,你最害怕什么?

心理约谈

德国著名的哲学家黑格尔说过:"创造性思维需要有丰富的想象。"
而发散性思维可帮助幼儿从不同的方向、途径和角度去设想,探求多种答案,最终使问题获得圆满解决。

如:格格对数字 1 的理解:
我最喜欢的数字是 1,为什么呢?因为冠军是第一名,最后也是第一名。我是你第一个宝宝,第一个宝宝是最可爱的,还有一家人是相亲相爱的。如果有 100 个人,有 99 个马桶,我会把那一个马桶让给别人。

幼儿三到六岁是提问的高峰期,孩子的语言发展、思维、想象力等等都在这个时刻得以开启。孩子通过眼睛发现、耳朵听到、手指触摸,好奇地推开世界的一扇扇大门。对于幼儿的提问,无论问题多么可爱甚至可笑,父母都需要耐心并且充满童趣地回答孩子的问题。喜欢提问并且思考,是幼儿最美好的想象力的开始。

思考

生活中,身为父母的你是否与宝宝有过类似的对话?
当时你是如何回答的?

_____

_____

看了本案例的"心理约谈"后,对宝宝的类似问题,你准备如何回答呢?

_____

_____

35 为什么我和妈妈不一样

格格：妈妈，你的手臂为什么那么长？
妈妈：因为妈妈要拥抱你啊！
格格：妈妈，为什么我没有你高？
妈妈：因为你是刚刚长出的小树苗啊！
格格：妈妈，为什么你那么漂亮？
妈妈：因为有你，妈妈才幸福得漂亮啊！

心理约谈

对于孩子提出的关于大人和小孩有何不同的问题，
也许一句话就足以解释，
那是理性的回答。

事实上，
感性扩展式的回答更利于孩子理解，
也更能激发孩子的想象力，
让孩子的发散性思维变得格外活跃。

思考

生活中，身为父母的你是否与宝宝有过类似的对话？
当时你是如何回答的？

看了本案例的"心理约谈"后，对宝宝的类似问题，你准备如何回答呢？

36 为什么人有手有脚有鼻子

格格：
时间是心碎的东西。
妈妈：
宝宝啊，其实，心碎的不是时间，而是变化。
愿变化你我掌控，接纳、放手，至少在希望中等着变好。

——《浮出水面》 步千竹 五岁

格格：妈妈，为什么人要长手？
妈妈：为了抚摸爱人和宝宝。
格格：为什么人要长嘴巴？
妈妈：为了吃东西，为了亲吻爱人和宝宝。
格格：为什么要长鼻子？
妈妈：为了呼吸，为了闻爱人和宝宝的香味。

心理约谈

孩子在幼儿阶段有很多很多"为什么"的疑问,千万不要忽视孩子的"为什么"。

临床多年发现,患有强迫个性的成人,大多在童年时得不到父母对所提问题的回应。强迫思维、强迫行为是反复思考一个问题,如"鸟为什么会飞?为什么不可以踏入同一条河流?人是怎样出生的……"这些看似无聊却意义深刻的问题。而这些疑问在幼年时多半没有答案。

虽说孩子总有一天会知道答案,但父母若能耐心并及时地回答她/他的问题,那些好奇的事物就不会如秋千般来回荡漾,萦绕在孩子心头,大大减少孩子形成强迫性人格的几率。

思考

生活中,身为父母的你是否与宝宝有过类似的对话?
当时你是如何回答的?

_____

_____

看了本案例的"心理约谈"后,对宝宝的类似问题,你准备如何回答呢?

_____

_____

37 太阳生病了吗

格格：太阳生病了吗？好几天都没有看我们呢。
妈妈：哦，宝宝，谁都有生病的时候。
格格：太阳在哭吗？哭了很久啦。
妈妈：哦，是哦，谁都有累的时候。
格格：也许太阳偷懒吧，他不想穿衣服，光溜溜的，所以让乌云帮它。
妈妈：哦，是哦，谁都会有那么两天提不起精神的时候。

心理约谈

很多人的情绪会和天气有关，
比如下雨时人会忧伤，阴天时人会烦躁。
受不同天气状况影响，人的情绪波动会很大，
甚至于幼儿的情绪也会受到影响。

任何事物都可以和心理相关，
拟人化的回答会帮助孩子从其他事物中引发内心思考。
也许，孩子会更加理解太阳、阴雨，包括自己的情绪。

思考

生活中，身为父母的你是否与宝宝有过类似的对话？
当时你是如何回答的？

看了本案例的"心理约谈"后，对宝宝的类似问题，你准备如何回答呢？

38 春天也会开莲花吧

——《水中的玉兰花》 步千竹 五岁

> 格格：
> 如果我想得到一样东西，会失去什么吗？
> 妈妈：
> 会的。失去如果预知，选择会很艰难，失去后再来珍惜，只怕来不及。

格格：妈妈，莲花开在夏天，对吗？
妈妈：宝宝，对哦。
格格：我知道春天也会开莲花。
妈妈：哦，宝宝，春天不开莲花的。
格格：我们陈老师就是春天的莲花啊！
妈妈：哦，宝宝，真的是这样啊！你们陈老师是春天里的一朵莲花哦。
陈老师的名字叫春莲。

心理约谈

生活的点点滴滴都可以激发孩子的想象力和理解力，
如一个人的名字与大自然规律的不同，
或者粉色与浪漫、可爱的联系，
都可以让孩子在枯燥单一的生活里找到乐趣。

纵使世上的一切可以颠倒，
但孩子的心灵却依然纯美。
愿你和孩子都拥有充满童趣的想象，
这样，至少你的世界会多一些快乐！

思考

生活中，身为父母的你是否与宝宝有过类似的对话？
当时你是如何回答的？

看了本案例的"心理约谈"后，对宝宝的类似问题，你准备如何回答呢？

39 什么是一生相依

妈妈给宝宝念书,问:什么是无声无息?
格格蹑手蹑脚地像猫一样走。

问:什么是火花四溅?
格格甩着头发,喷口水,说:喷火。

问:什么是孤独难耐?
格格说:就是我一人傻呆呆地坐着。

格格:妈妈,什么是一生相依?
妈妈把宝宝的头揽过来,靠着她的肩膀说:宝宝啊,这样子很久,很久,很久……就是一生相依。
格格:这样感觉真好,幸福、温暖。

心理约谈

汉语里的单个字其自身就有多种意义，
而由字与字组合的词语会衍生出更多的含义，
如四字成语能细致描述一种状态与内心，
而七个字的唐诗则会营造出美丽的意境。

学习字词及衍生的意义，
对于孩子的语言能力、理解力、想象力都是很好的提升。
而加强幼儿对词语的理解，
就从妈妈用生动的比喻与宝宝沟通开始吧。

思考

生活中，身为父母的你是否与宝宝有过类似的对话？
当时你是如何回答的？

看了本案例的"心理约谈"后，对宝宝的类似问题，你准备如何回答呢？

40 明年你几岁

看着格格的作品,妈妈觉得画中女孩的背影太美,但森林里的树太杂乱,建议格格铲掉树再重新画。

格格坚持不修改,说对这些树产生了感情。其实,仔细想想,无论长大的格格多么美好,那繁杂的世界也如这些树一般。在这个世界保持美好的自己,不就是妈妈的期望吗?
好,我们不修改。

——《长大的我》 步千竹 五岁

格格翻着日历说还有两页就没有了。

格格:要重来一遍吗?
妈妈:哦,宝宝,是要重新开始,不过是新的一年。
格格:2015年,我五岁,你几岁?
妈妈热情回答。
格格继续:2016年,我六岁,你多大?2017年,我七岁,你几岁?2018年,我八岁,你几岁?……2030年,我几岁,你几岁?

心理约谈

与宝宝对话，完全可以撒欢式地畅聊。
不必担心孩子给你挖坑，
让你爬不出来。

那个小小的孩子，
是上天派来的天使，
让作为父母的我们可以幸福的重温童年的快乐，
让我们可以置身于幼儿的世界感受其五彩斑斓的生活。

思考

生活中，身为父母的你是否与宝宝有过类似的对话？
当时你是如何回答的？

_____

_____

看了本案例的"心理约谈"后，对宝宝的类似问题，你准备如何回答呢？

_____

_____

41 我会写诗

妈妈说：人心要像大海一样宽广。

格格开始念诗：
我们的心要像白云一样飘来飘去，
我们的心要像大树一样高高成长，
我们的心要像蝴蝶一样飞来飞去，
我们的心要像路一样绵延到远方。

爸爸说：我的心像冰箱里的青蛙拔凉拔凉的。
格格笑：爸爸的心像可怜的小草。
格格的心是自由的，愿宝宝的心真如她所说的。

心理约谈

发散性思维活跃的孩子，其联想能力、语言表达能力及思维扩展能力都是非常棒的。
如此，才可以在以后的学习中，
比如作文、绘画、语言上发挥作用。
发散性思维的培养不只来自于父母与孩子的沟通、交流，
也来自父母细腻地引导，
更重要的是为孩子营造一个温馨和谐的家庭氛围。

因为一个富有安全感，
没有过多负面情绪干扰的孩子，
才会安静地思考与创作。

思考

生活中，身为父母的你是否与宝宝有过类似的对话？
当时你是如何回答的？

_____

_____

看了本案例的"心理约谈"后，对宝宝的类似问题，你准备如何回答呢？

_____

_____

42 眼睛和窗户

格格：
有时，我们会找不到前方的路。

妈妈：
是啊，那咋办呢？

格格：
等一等，迷雾会散去的……

——《迷失的路》 步千竹 五岁

格格：妈妈，为什么眼睛很小，却能看见好多好多的东西啊？
妈妈：哦，宝宝，因为眼睛是心灵的窗户。
格格：心灵的窗户怎么通过眼睛打开啊！
妈妈：哦，宝宝，心灵是很厉害的，它想让眼睛看到什么就能看到什么。
格格：那眼屎是心灵窗户的灰尘吗？
妈妈：哦，这个，这个……也许是吧。

心理约谈

对于孩子的提问，父母大多会根据自己的个性来选择如何回答。

如理性科学式的回答，幻想类回答，反问式回答，感性回答等等。然而，不是所有问题只有一个标准答案，人生也不是所有问题即刻就有答案，甚至自己都不知道的答案或者用一两句话解释不清楚的答案。

当格格问：为什么鸟有翅膀？我们人没有翅膀？为什么把"爸爸"叫爸爸，而不是妈妈？先有鸡还是先有蛋？我们都有鼻子眼睛耳朵，为什么不能长一样？我家的老祖宗为什么姓"步"而不是"张"？这时我就会在脑海里搜罗答案，最后大多以梦幻感性的方式作出回答。

也许不标准，也许不准确，也许纯粹胡编乱造，但依然会让我们与孩子温暖地哈哈大笑。

人生，岂是一两句就可以说完。人，怎可完美到了解全世界；事，怎可做到了无缺憾。如何回答并不重要，没有错与对，有心就好。

思考

生活中，身为父母的你是否与宝宝有过类似的对话？
当时你是如何回答的？

_____
_____

看了本案例的"心理约谈"后，对宝宝的类似问题，你准备如何回答呢？

_____
_____

43 离婚是什么

格格：离婚是什么？
妈妈：一个家，分成两个家。
格格：哦，如果离婚了，女人可以再找一个男人，
　　　那个男人会再给她一颗精子，她会再生一个孩子，就幸福了。
妈妈：你是为女人多生几个孩子而想的办法呢，还是为离婚的女人加油鼓励呢？
格格：为她加油啊！
妈妈：哦，我的宝贝，我懂你的意思了，离婚对女人不可怕，加油还能得到幸福。
　　　只是再生一个孩子需要考虑很多很多。

心·理约谈

发散性思维不只对创作学习有帮助，对于生活和情感也会有一定的启示。

对于一件事，要从多角度思考，寻求不同的解决方法。也许问题的解决需要时间，但至少可以有一个良好的心态去面对此时此景的情绪和内心。

多角度的思考是从事物不同的方向进行权衡，最终获得一份积极有效的精神力量。

发散性思维没有正负之分，个性美好才是正能量。幼儿阶段，孩子往往用最简单的方式去解决复杂的问题，也许事件会更复杂，但面对不完美的状态产生的那份坚持不懈的精神却弥足珍贵，这就是情商。

思考

生活中，身为父母的你是否与宝宝有过类似的对话？
当时你是如何回答的？

看了本案例的"心理约谈"后，对宝宝的类似问题，你准备如何回答呢？

44 你爱我有多少

格格：
妈妈，我把白天的快乐揉进梦里变成棉花糖了，你把日夜的忧伤在梦里撕碎了……

——《芦花》 步千竹 五岁

格格：你喜欢我的眼睛吗？
妈妈：喜欢。
格格：你喜欢爸爸的眼睛吗？
妈妈：嗯，喜欢。
格格又问了很多和爸爸相同的东西，妈妈都回答喜欢。
格格最后问：你喜欢我的臭臭吗？
妈妈还是说：喜欢。
格格：那你喜欢爸爸的臭臭吗？
妈妈终于叫着说：不喜欢，不喜欢。
格格：嗯，你爱我比爸爸多。

心理约谈

创造性思维之聚合性思维：从不同来源、不同方向、不同层次中探求出一个正确答案的思维方法。聚合性思维对于从众多可能性的结果中迅速做出判断，得出结论是最重要的。如格格自编的诗《妈妈的笑容》：妈妈的笑容很美丽，妈妈笑的时候有皱纹，妈妈大声笑的时候很恐怖，妈妈笑的时候露出牙花，妈妈的笑容最温暖……

练习故事书里的"找不同"，以及畅游无边无际的音乐世界，都是培养孩子聚合性思维的好方法。格格很小的时候，我抱着她，指着一堆苹果和一根香蕉，问她哪个是与众不同的，不会说话的格格就把香蕉拿起来。格格绘画时，发散性思维帮助她想象，为了达到理想的画面，聚合性思维帮助她调和颜色至想要的色彩。讲故事时，发散性思维帮助她多方面找寻素材，聚合性思维最终归拢到主题。对于幼儿来说，聚合性思维培养与发散性思维培养都非常重要。

思考

生活中，身为父母的你是否与宝宝有过类似的对话？当时你是如何回答的？

_____

_____

看了本案例的"心理约谈"后，对宝宝的类似问题，你准备如何回答呢？

_____

_____

45 为什么答案都一样

妈妈编故事给格格听。

有一只小白兔,嘴巴红红,眼睛黑黑,它遇到一只小灰兔。
小灰兔问:为什么你的眼睛是黑色的,我的眼睛是红色的?
小白兔说:因为每个人都不同的。
小灰兔问:为什么你的皮肤是白的,我的是灰的?
小白兔答:因为每个人不同的。
小灰兔问:为什么我的问题你总是一个答案呢?
小白兔答:因为你的问题其实是一个问题。

妈妈:好,现在妈妈开始问你啦!宝宝啊,为什么你的皮肤这样,我的这样?
格格:因为我还小啊。
妈妈:为什么你这么高,我这么高?
格格:因为我还小啊。
妈妈:为什么我的问题你只有一个答案啊?
格格:好吧,我换一个,因为你老了啊。

心理约谈

用聚合性思维对事物的大方向判断基本是积极美好的,由此产生的行为方式等等也会如此。
比如人们对于生命的看法。人对于无力抗拒的死亡若能坦然接受,那么整个人生过程会是精彩纷呈、无怨无悔,而不是消极颓废的。

很多一通百通的道理,贯穿于人们心理与行为的方方面面。
如果我们确信打开窗户不只迎来阳光也必有苍蝇飞来,那么这份坦然与接纳会帮助我们拥有以不变应万变的强大内心。

幼儿的聚合性思维在认知和情感上一定与父母的引导方向有关,丝丝缕缕的一切被你用心整合后,会成为孩子打开世界的一把钥匙,无拘无束地开启任意一扇门。

思考

生活中,身为父母的你是否与宝宝有过类似的对话?
当时你是如何回答的?

_____

_____

看了本案例的"心理约谈"后,对宝宝的类似问题,你准备如何回答呢?

_____

_____

46 可以有很多如果

格格自己洗澡,妈妈在边上陪着。

宝宝一边擦干一边说:
    如果我没有脚,就不能站着,也不能奔跑。
    如果我没有手,就不能吃饭,不能拿东西。
妈妈:哦,宝宝,温暖地说说。

格格:如果没有手,我不能拥抱妈妈,不能牵你的手;
       如果没有嘴巴,我会饿死,温暖地说不能亲吻妈妈;
       如果没有眼睛,我会撞到树上,温暖地说不能看到妈妈美丽的笑脸;
       如果没有鼻子,我呼吸不了会死,温暖地说不能闻到妈妈身上的香香;
       如果我没有耳朵,我会听不到任何声音,温暖地说也听不到妈妈说爱我。

心理约谈

感性思维会使一个人充满热情、热爱生命、富有开拓精神且保持永远年轻、永远热泪盈眶的心理状态。感性思维有助于人们对生活的感知理解敏锐且充满灵性，也是创作型工作者需要的一种激情思维模式。随着个体的成长，大多数的人趋于理性思维。

因为理性思维会有效地帮助人们不冲动、不盲目，保护着心灵不受伤、不疯狂。
事实上，完整的人格具备感性与理性，完善的个性包含感性思维和理性思维的并存。幼儿往往是感性的，没有理性的束缚。如果父母引导宝宝偏于理性或感性一方，一定会有积极的一面，但负面的出现也会让家长苦恼。比如因为怕宝宝受伤害不让其做具备保护性的探索以防摔倒或者受伤，如此孩子对事物的好奇与热情也会逐渐消退。

在幼儿成长过程中，我们需要保护他们天生的感性，同时也帮助他们具备理性。
科学家是理性的，指引科学家的却是感性的梦想和不断的超越。音乐家是感性的，理性却可以让他们不会只沉迷于自己的世界，而可以去倾听无数的声音。

思考

生活中，身为父母的你是否与宝宝有过类似的对话？
当时你是如何回答的？

_____

_____

看了本案例的"心理约谈"后，对宝宝的类似问题，你准备如何回答呢？

_____

_____

47 爸爸的回答不一样

格格：妈妈，我们去找秋天。
妈妈：好啊，宝宝。
两人一起找到一片落叶。
爸爸捡起一个塑料袋，扔在空中：宝宝，我找到秋风。

格格：你看池塘里的落叶，白云的倒影多美啊。
妈妈：哦，宝宝，你的描述意境好美。
爸爸：宝宝，这不就是臭水沟里的几根树枝嘛。

妈妈：宝宝啊，虽然爸爸的回答永远让人抓狂，但却那么有趣，这才是完美对答。

心理约谈

男人是应该偏理性的，
女人则通常是偏感性的。
父亲与母亲思维性的互补会使孩子的性格趋于完整性。

不必担心孩子在父母的思维夹缝中不知所向，
就像宝宝的基因来自于父母一样，总归会出现一个独特的人，
拥有了父亲的理性与母亲的感性，
父亲的豁达坚强与母亲的温柔细腻。

父亲的理性思维教会孩子认清生活真相并做出选择，
如果选择依然热爱生活，
那么这是来自于母亲的感性思维。

思考

生活中，身为父母的你是否与宝宝有过类似的对话？
当时你是如何回答的？

_____

_____

看了本案例的"心理约谈"后，对宝宝的类似问题，你准备如何回答呢？

_____

_____

48 小兔崽子和小兔宝宝

格格：
我在落花下，
还是落花下的我？

妈妈：
有什么不同吗？

格格：
不一样的感觉，
你感觉到了吗？

——《桃花雨》　步千竹　五岁

格格：妈妈，你叫我小兔崽子吧！
妈妈：宝宝啊，妈妈不会骂人的。
格格：我是小兔子宝宝啊！
妈妈：哦，宝宝也是，仔细想想小兔崽子很可爱啊！
格格：我只要妈妈一人叫我小兔崽子，如果是别人叫我，就一定是骂我了。
这下好了，这天妈妈放肆地对宝宝喊：小兔崽子……吃饭啦，小兔崽子……

心理约谈

幼儿并不会完全理解脏话或者负面语言的真正含义。如果不想让脏话或负面言语成为孩子的语言习惯，一定要深入地了解她／他为什么对此感兴趣。那时，我们会发现，孩子的心灵纯美无比，是带着自己丰富的想象力去表达她／他的理解的，一点也没有大人想的那么复杂。

当我们听到孩子说脏话时，不要急于生气，也无需立刻斥责，表情要平静，细腻地询问，再适当地满足，如此孩子才不致形成说脏话的习惯。当然，如果父母本身就脏话连篇，孩子也如此，那么父母一定要先要改变自己的坏习惯，才能培养孩子良好的语言习惯。

思考

生活中，身为父母的你是否与宝宝有过类似的对话？
当时你是如何回答的？

看了本案例的"心理约谈"后，对宝宝的类似问题，你准备如何回答呢？

49 你有吓尿过吗

格格：你有吓尿的时候吗？
妈妈：哦，宝宝，有。那你有吗？
格格：没有……好像有，爸爸瞪大眼睛的时候。那你什么时候会吓尿呢？
妈妈：哦，你问我这话的时候。
格格：真的吗？真的吗？为什么呢？
妈妈：宝宝，这个意思不是真的吓得尿裤子，而是很意外，超出人们的预料。
格格：那我吓尿的次数多了，有一次你画了下眼线……
妈妈：呃……

心理约谈

一件事、一句话、一种情、一刻景……
都可以延伸出很多联想，
用心地去挖掘孩子心中无限的聚合性思维，
你会发现孩子的世界非常精彩，
就算某一刻会让自己无比尴尬，
那也会是幸福的。

我们所获得的幸福并不那么重要，
重要的是孩子有想法、有表达、有自己的观点。
幼儿的独立意识、自我意识可以通过思维方式地不断训练，
在生活和学习各个方面展现出来。

思考

生活中，身为父母的你是否与宝宝有过类似的对话？
当时你是如何回答的？

_____

_____

看了本案例的"心理约谈"后，对宝宝的类似问题，你准备如何回答呢？

_____

_____

50 为什么爸爸的回答都一样

格格问爸爸：黄色和绿色会变成什么颜色？
爸爸：你猜！
格格问爸爸：你爱我的妈妈吗？
爸爸：你猜！
格格问爸爸：爸爸，再生一个弟弟吧！
爸爸：再议！
格格问爸爸：爸爸，你会再娶老婆吗？
爸爸：再议！

心理约谈

在孩子的成长期，
父亲起到的作用很大，
直接关系到孩子对事物的看法和人生的理解。

父亲的男性气质会给孩子带来坚强、勇敢和执着，
幽默感会给孩子带来欢笑与快乐，
沉着带给孩子稳稳的个性。

父亲的思维方式也将深刻影响着孩子。
有父亲参与的幼儿教育，
孩子明显地阳光积极，学习能力较强、情绪稳定。

思考

生活中，身为父母的你是否与宝宝有过类似的对话？
当时你是如何回答的？

_____

_____

看了本案例的"心理约谈"后，对宝宝的类似问题，你准备如何回答呢？

_____

_____

_____

昕明语：

　　每个家庭都很重视对孩子的艺术教育，家长会风雨无阻地陪孩子学绘画、学钢琴、学跳舞……而家长付出这么多，有时孩子并不买账，一句"是你让我学的"就让家长哑口无言。家长常常会想，自己明明是为孩子好，可孩子为什么不理解，不快乐？在节目里讨论这个话题，家长也承认，学什么不是孩子决定的，往往是自己觉得好就给报名了。其实，孩子虽小，但也是有思想的。兴趣是最好的老师，这一点你意识到了吗？

　　这一篇章将告诉我们，不要一味地强求孩子去做自己不喜欢的事情，否则只会适得其反。学会培养孩子的兴趣爱好，让他们在枯燥无味的兴趣之路上快乐前行。

兴趣学习篇

（五）

51 弹琴时会下雪

——《落花》 步千竹 五岁

> 格格：
> 荣格说，如果你常常微笑，你是幸福的，如果你常常哭泣，你就是不幸的。
>
> 妈妈：荣格是谁？
> 格格：写书的那个人。

格格弹班得瑞的钢琴曲《初雪》和《眼泪》。

格格：妈妈，我在弹琴的时候会想象，我的雪是粉色的，天空闪烁着金色的光，雪花落在绿色的草地上，很美，对吗？

妈妈：哦，宝宝，妈妈想到了，真的好美。

格格：我弹的《眼泪》是忧伤的，眼泪开始的时候只在眼眶里，到了最后就哗哗地流下来了。

妈妈：哦，宝宝，你的眼泪打动了我的心，我也要流眼泪了。

格格：你的眼泪是幸福的。

心理约谈

孩子什么时候开始听音乐呢？——0到6岁。

听哪一类的音乐呢？音乐的世界无边无际，听不同种类的音乐也是对宝宝聚合性思维的一种训练。

听音乐有什么好处呢？
1. 听音乐的孩子记忆力好。格格的记忆力非常好，记得小时候发生的事情；认识很多字，可独立阅读；可根据琴键摸索出音乐，几乎一遍就能记住琴键位置。
2. 听音乐的孩子想象力好。想象力不是说有就有的，它不仅来自天赋，也来自父母给予孩子的音乐培养，想象力会在创作、画画或者写文章时迸发出来。
3. 听音乐的孩子理解力好。理解力可以扩散到学习和生活的各个方面。如对一首歌的理解，对一幅画的看法，对一句话的感受，对情感的深刻体会。
4. 听音乐的孩子情绪稳定，性格趋于完善。孩子出生时如一张白纸，但随着年龄的增长，逐渐拥有了情绪、情感。简单地说，小朋友的性格可以分为动与静。动，来自天性，无需培养。静，则需要通过做一件手工、画一幅画或者听一节30分钟的课以及慢一些的音乐来帮助孩子实现。

思考

生活中，身为父母的你是否与宝宝有过类似的对话？
当时你是如何回答的？

_____

_____

看了本案例的"心理约谈"后，对宝宝的类似问题，你准备如何回答呢？

_____

_____

52 还要再画一遍吗

——《拥抱蓝天》 步千竹 五岁

格格：
计算机算错了你的年龄，你应该是24岁。

妈妈：
它没有错，宝宝也没有错。妈妈啊，像天上的太阳，太阳多少岁呢？可它还是那么温暖啊。

格格：我的桃花飘在空中，落在水里，好浪漫吧？
妈妈：嗯，宝宝，满树的桃花会很好看。
格格：好的，我来画好多好多的桃花，开满整棵树。
格格：妈妈，我的大白像吗？
妈妈说：你觉得呢？

格格摇摇头，铲掉重来，反复五次之后，自己终于也觉得好些了。其实，妈妈是故意的，宝宝对自己要求很高，需要不断地培养其抗挫折力和耐力，愿女儿懂妈妈的一番心意。

心理约谈

绘画的心理教育意义：

1. 简笔画。一般我们可以从孩子的简笔画中了解她／他近期的情绪和个性发展。比如画小人，从小人头发的多少可以看出孩子的情绪是稳定还是暴躁；从小人嘴巴的状态可以看出孩子的沟通状况。如果小人的嘴巴是张开的，而生活里孩子又不喜欢沟通，那父母就要思考是什么阻止了孩子与自己的交流。六岁之前的孩子是不愿画鼻子的，很多动漫人物也都没有鼻子。鼻子代表了个性，六岁之前的小孩无需那么强烈的个性，但在七岁以后，父母一定要引导孩子给小人画上鼻子，这样孩子的独立个性会帮助他具有存在感。像不愿画鼻子一样，六岁之前的孩子不画颈部，是因为缺乏独立性，依赖感很强。这是可以的，毕竟童年时依赖父母会产生强大的安全感。只是七岁以后要有意识地引导孩子画颈部，让其独立性渐渐显现。如果你希望孩子倾听你的意见或者世界的声音，无论是多大的孩子，都要引导她／他去画耳朵，培养其倾听的意识。如果你希望宝宝会思考并且有极好的行动力，那么要让孩子画一个完整的小人，有头、身体和脚。

2. 油画。油画的色彩饱满，随意的涂抹也会是一幅比较完整的画。父母通过孩子涂抹的颜色可以看出孩子的心灵世界是阳光还是阴暗，并由此来帮助他们。画油画的心理教育意义还在于收放自如的个性培养，比如有的地方需要大片地刷，如蓝天；有的地方却需要仔细地描，如花朵。如此，在不断的油画创作过程中，在某一刻豪迈大气，在某一时细腻耐心，孩子的性格得以逐渐完善，最终获得收放自如的性格。

思考

生活中，身为父母的你是否与宝宝有过类似的对话？
当时你是如何回答的？

_____
_____

看了本案例的"心理约谈"后，对宝宝的类似问题，你准备如何回答呢？

_____
_____

53 我的故事讲得好吗

格格三岁上幼儿园时,
老师布置了一次作业,以小动物为主角,讲一个故事。

妈妈:宝宝,你要讲谁的故事呢?
格格:我讲小白兔的故事。
妈妈:哦,先讲给妈妈听听。
格格:小白兔的妈妈去世了,爸爸走过来摸着它的头安慰它。过了很久,小白兔的爸爸娶了一个新妈妈,小白兔哭了。新妈妈走过来对小白兔说,你的妈妈不在了,不会回来了,你要好好吃饭,快快长大。然后,三个人坐在一起吃饭了。
妈妈:……
格格:妈妈,我的故事讲得好吗?
妈妈:哦,我的宝贝,你的故事讲得很好。所有伟大的作品都是悲伤而又励志的,你的故事也是。

心理约谈

说实话，听到第一句"小白兔的妈妈去世了"，我就惊呆了。

当我听完她的整个故事，很久后才缓过神来。首先我喜欢她的故事，却惊讶于她讲故事的思维，那时她才三岁。后来，她把这个故事画下来，自己却哭得很伤心。这是最正常且美好的情感，那一刻我抱着她。

培养宝宝讲故事的能力要从幼儿阶段开始。

起初，你要坚持讲给她／他听，直到有一天她／他讲给你听。故事透露着其独有的思维方式，信念与情感的力量，讲故事在最初的幼儿教育里非常的实用和有效。

父母坚持给宝宝讲故事对于亲子之间的沟通以及对宝宝的日常行为，甚至人生观等都是一种积极的引导。

思考

生活中，身为父母的你是否与宝宝有过类似的对话？
当时你是如何回答的？

___

___

看了本案例的"心理约谈"后，对宝宝的类似问题，你准备如何回答呢？

___

___

54 用琴声来治愈

妈妈抱着宝宝：格格啊，妈妈的耳朵生病了。
格格：我来治愈你的耳朵。
格格开始不同跨度的弹琴，黑白琴键上宝宝的手指自由地跑来跑去，琴音就像是音乐盒里发出的声音。
妈妈又搂着宝宝：谢谢你，我的耳朵被你治愈了。
格格：你的耳朵没有生病，你的耳朵饿了，一饿就想吃琴声。

格格瞬间懂了妈妈耳朵生的病的原因，治愈的药方快速而有效。若有一日，宝宝知道妈妈的真实用意，也许已经成为治愈系的小小钢琴家了。

心理约谈

法国作家雨果说过：开启人类智慧大门的三把钥匙是字母（语文）、数字（数学）、音符（音乐）。在幼儿四到六岁这个阶段，最好学习一门乐器来敲击不同音符。

学习乐器，需要记谱、记忆指间的流动，还要调动手、脑及全身的整体配合，这个过程不但可以提升孩子的记忆能力及左、右手的配合能力，更能激发左、右大脑的开发，锻炼孩子抽象思维和形象思维的能力；丰富孩子的业余生活，培养孩子的逆境情商，使其气质得到熏陶，更能锻炼孩子的耐心和信心。

事实上，乐器学习是枯燥的，需要练习很久才能享受高峰体验。如果父母陪伴练习，并能给予一些有趣好玩的引导，那么孩子就会多些耐心坚持下来，至少也会带着微笑去走这条艰辛之路。

思考

生活中，身为父母的你是否与宝宝有过类似的对话？
当时你是如何回答的？

_____

_____

看了本案例的"心理约谈"后，对宝宝的类似问题，你准备如何回答呢？

_____

_____

55 听音乐做想象

——《紫色的花海》 步千竹 五岁

老师问：格格，你去厕所为什么也要妈妈陪呢？
格格：我觉得孤独。
老师：可是你长大了啊。
格格扭头对我说：长大了也会孤独的，心理医生你说呢？……
回家路上格格说：你不在家，我能战胜孤独，你在家时就陪我不要孤独，妈妈你能做到吗？
妈妈抱着女儿说：能。

格格听一首《紫色的花海》。

妈妈：我们做一个小游戏吧！
格格：好啊！
妈妈：来，闭上眼睛，感觉自己站在山顶，深呼吸。如果你可以对着大山喊，你会喊什么呢？
格格闭着眼睛微笑：妈妈，我爱你！

这句话，在妈妈心头生出两种滋味：
一个来自山顶，旷世今生的呼唤；一个静窝于怀，百转千回的温柔。

心理约谈

做临床心理咨询时，
经常会通过"秘境"来了解来访者的潜意识，
必要时会用于心理治疗，团体讲课时也会用此方法教人们放松心灵。

生活里，也常常和宝宝一起闭着眼睛，
伴随萦绕耳边的音乐声，走进想象的世界。
这样的心理游戏，
对于幼儿来说不仅可以释放情绪、放松心理，而且也可以激发想象力。

如果说丰富的心灵是想象力的大门，
音乐是启动想象力的钥匙，
那么经过反复"打开－走进"，最终可以看到美丽的心灵世界。

思考

生活中，身为父母的你是否与宝宝有过类似的对话？
当时你是如何回答的？

_____

_____

看了本案例的"心理约谈"后，对宝宝的类似问题，你准备如何回答呢？

_____

_____

56 你有隐形的翅膀吗

妈妈，
你知道天使
怎么打开翅膀吗？

一定要多练习，
一定要勇敢，
才可以在月光下飞。

——《天使的翅膀》 步千竹 五岁

格格和妈妈一起唱歌。

格格：妈妈，什么是隐形？
妈妈：啊！宝宝，就是一件东西它存在却看不见。
格格：妈妈，那你有隐形的翅膀吗？
妈妈：哦，宝宝，妈妈有的。它一直藏在妈妈身后，在困难的时候带我飞过去，帮助我实现梦想。
格格：我的梦想不用飞的，我的梦想是永远和妈妈在一起。
妈妈：哦，谢谢宝宝，妈妈抱抱。这个梦想实现了，你的隐形小翅膀还会帮助你完成其他的梦想呢！

心理约谈

虽然每个孩子拥有不一样的个性，但在幼儿阶段他们的情感偏向感性。
这种感性与成人的感性不同，孩子的感性是一种出自本我的情感——对事物充满好奇心，对妈妈的离开会感到难过，心中不满会发脾气……

孩子的这种感性似乎与情绪很接近。
其实，将孩子的这份感性引导于美好的情感时，她/他的情绪才会控制得更好。与孩子对话时，父母也尽量做到感性，这点母亲相比父亲做起来要容易些。

感性地对话与分析，不只对情绪有帮助，对拓展孩子的想象力也会有很大的帮助，尤其对于孩子学习音乐、画画、文学等创作性才能有更大的帮助。

思考

生活中，身为父母的你是否与宝宝有过类似的对话？
当时你是如何回答的？

_____

_____

看了本案例的"心理约谈"后，对宝宝的类似问题，你准备如何回答呢？

_____

_____

57 电影里的故事都是真实的吗

格格选了一部魔幻电影《白蛇传说》来看，我以为成人的片子她会看不下去，谁知她看得非常动情，看到许仙和白素贞分离时，格格开始抹眼泪。

妈妈：宝宝，为什么白素贞会被压在雷峰塔下？
格格：她不乖。
妈妈：为什么法海一定要分开相爱的两个人？
格格：白素贞会伤害许仙。
妈妈：如果许仙不在乎伤害，不在乎她是蛇，也不在乎只能活几年呢？
格格：那也是伤害。
妈妈：许仙已经忘记了白素贞，可她亲了他，他又想起了一切，如果是你，你愿意让他没有痛苦地忘记自己，还是要他痛苦地记住你一辈子？

这个问题显然很纠结，格格想了很久说：要他记得我。

妈妈：宝宝，爱有大爱和小爱，只是每个人不会去分大小。
有的人像法海为了苍生做到尽心尽力；有的人就像白素贞为爱一人付出一切。爱没有对错。如果有人伤害你，妈妈也许会像法海一样……
格格：这个故事是真实的吗？
妈妈：这只是传说，但里面的情感、仁义都是真实的……

心理约谈

对于平凡的人来说，看电影也是一种促进心灵快速成长的方式。

也许她/他一生都不可能体会或感受的经历会在短短的观影过程得以体验。我们不会没事找事地让自己在生活里找历练、找痛苦、找挫折，但至少在观影中，我们可以有想法、有方向，甚至有自己的立场。

对于需要内心成长和需要深刻感悟的来访者，我会推荐他们看心灵影片，使其可以直面困惑并找寻自己的答案。比如《大鱼》对生命意义的探寻，《勇敢的心》讲述信念的力量。

陪伴幼儿看电影，不仅仅是亲子好时光，更能了解和探寻孩子对事物的看法和理解，引导孩子向正面积极的方向前行。

思考

生活中，身为父母的你是否与宝宝有过类似的对话？
当时你是如何回答的？

_____

_____

看了本案例的"心理约谈"后，对宝宝的类似问题，你准备如何回答呢？

_____

_____

58 我来编儿歌

永远年轻，
永远热泪盈眶。

——《倒影》 步千竹 五岁

两岁的格格一边走，一边念：
小鸟自己飞，小鸟自己跑，我是好宝宝，不用妈妈抱。
看到月亮会念：
月亮走，我也走，我和月亮做朋友，兜里装着两个蛋，送给月亮当早饭。

五岁的格格编了一首诗：

数不清

妈妈，我爱你，爱得数不清。
就像天上的星星，数不清，
就像大海里的水，数不清，
像雨滴，数不清，像雪花，数不清，
就像树上的叶子，数不清，
像世上的花儿，数不清
像天空的鸟，数不清，
像世上的人，数不清……

心理约谈

对于三岁左右的幼儿来说，儿歌非常适合阅读和背诵。

儿歌不像童话故事那样复杂，比如安徒生的童话过于悲惨，而格林童话比较阴暗。但很多时候，儿歌可以起到积极引导的作用，比如《我是好宝宝》。

格格会走路后，她很少缠着我并要我抱她。

有一天，看到一个小男孩撕扯妈妈的衣襟要抱抱时，刚学会说话的格格结结巴巴地说：你，你，你不是好宝宝。原来，格格对这首儿歌深刻的理解，已经影响到了她的行为。在这里，我并不是教父母偷懒的方法，为了自己轻松不抱孩子，而是想说，如果这个拥抱是这样的：你看着她／他向你飞奔过来，那时，你打开双手，宝宝一跃而起。我想那种拥抱要比平日里的抱不离手要幸福得多。

儿歌对幼儿生活行为的影响很大。

比如，为什么要吃青菜、什么是新年、小朋友如何相处等问题，歌词里会有简洁的语言描述。孩子经常阅读并背诵儿歌，会乖乖吃饭，会喜欢小白兔、大老虎，会有礼貌懂得宽容以及愿意与好朋友分享和玩耍，对于幼儿人际交往也会起到重要的作用。

思考

生活中，身为父母的你是否与宝宝有过类似的对话？
当时你是如何回答的？

_____

_____

看了本案例的"心理约谈"后，对宝宝的类似问题，你准备如何回答呢？

_____

_____

59 我给妈妈读书

梦想如月光般遥远，
终有一天，
我会踏着七彩祥云奔向它。

——《奔月》 步千竹 五岁

格格拿起《叔本华人生哲学》。

格格：
妈妈，我给你念这一句：
"如果你常常微笑，你是幸福的；
如果你常常哭泣，你是不幸的。"

心理约谈

父母要从幼儿阶段陪伴宝宝读书，让她/他爱上阅读。

怀格格的时候，我准备了一套儿歌版的唐诗，并且提前背诵了很多。宝宝出生后，眼睛望着我的时候，我可以用甜美的嗓音读出来；抱着宝宝出门时，看见蓝天、白云、蝴蝶、小草等我也能念出来；在宝宝两个半月大，她的手开始抓物时，我将小书递给她，让她感受；在宝宝四个半月大，能够坐起来时，我和她一起看书、一起念书；当宝宝九个月大时，我发现她已经认识几个字了……宝宝从此爱上了书，也喜欢在八点读书，并且这个习惯一直坚持到了现在。在宝宝两岁生日时，格格选择了书作为她的生日礼物，我感到非常欣慰。

宝宝的好习惯，很多来自儿歌。比如说从不缠着要我抱抱；知道萝卜青菜的好处，不会挑食。生动可爱的儿歌也提升了宝宝的理解力和记忆力，在每次念读儿歌时都能认识很多字，而平时，我从不教她认字。虽然格格至今只会几首唐诗，但儿歌唐诗带给格格的丰富的想象力已经从她三岁时制作的绘本和"电影"里看出来，并且在未来的创作中也渐渐展现出来。

我深知如今孩子的学习压力大，所以如果格格能拥有好的记忆力、想象力，至少她会轻松一点点吧。我们都说愿意为孩子付出一切，那么就从婴儿期陪孩子一起阅读开始吧。格格五岁了，无论是专注力、理解力、动手能力还是行动力都已基本确立，而我也渐渐放开了宝宝，让她可以自由翱翔。

思考

生活中，身为父母的你是否与宝宝有过类似的对话？
当时你是如何回答的？

_____

_____

看了本案例的"心理约谈"后，对宝宝的类似问题，你准备如何回答呢？

_____

_____

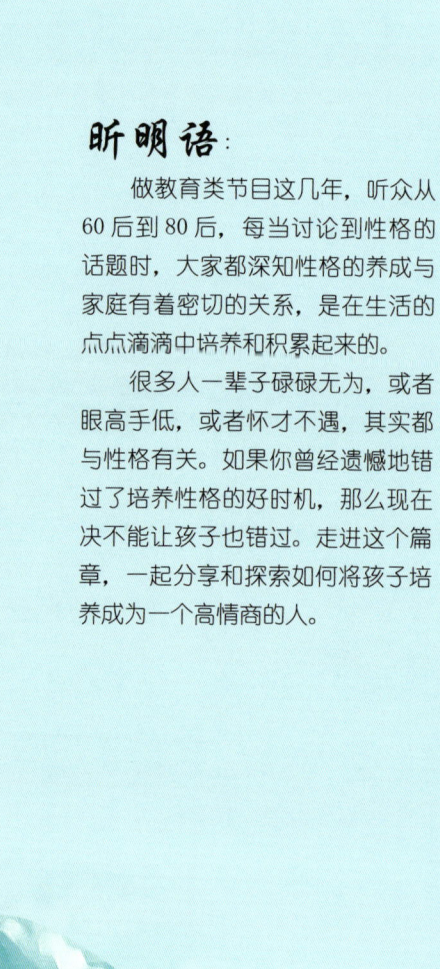

昕明语：

做教育类节目这几年，听众从60后到80后，每当讨论到性格的话题时，大家都深知性格的养成与家庭有着密切的关系，是在生活的点点滴滴中培养和积累起来的。

很多人一辈子碌碌无为，或者眼高手低，或者怀才不遇，其实都与性格有关。如果你曾经遗憾地错过了培养性格的好时机，那么现在决不能让孩子也错过。走进这个篇章，一起分享和探索如何将孩子培养成为一个高情商的人。

性格完善篇（六）

60 妈妈为什么爱拍照

格格洗澡时会先洗袜子,搓出很多的泡泡。

格格:妈妈,你要给我拍照吗?
妈妈笑:哦,宝宝,现在你光溜溜的,就不拍了。
格格:我干什么你都喜欢拍啊,光溜溜也可以哦。
妈妈:哦,宝宝,你知道妈妈为什么喜欢给你拍照吗?
这时的花洒如雨滴,格格站在水里搓着手里的小袜子。
格格:妈妈留恋我现在的样子,拍了照片做留念,有一天我离开故乡,妈妈会看着照片想念我。
妈妈愣了很久,然后去抚摸光溜溜的宝宝。
妈妈:谢谢你宝宝,如此懂我!

性格完善篇（六）

心理约谈

我经常会在网上搜罗很多美丽的图片与宝宝分享，如雪景、沙漠、高山等不曾见过的风景照片。我们生活在高楼林立的城市，就算一两次的旅行也无法看尽世间绝美。而照片因其构图、色彩甚至于视角都会给人不同的感受，它能瞬间震撼到宝宝的心灵深处。大量观赏照片对于幼儿在绘画创作时的构图有非常大的启示，同时有助于开发他们无穷的想象力。

为了让格格可以深入了解世界，我会和她一起看纪录片，比如《第三极》，主要讲述西藏风情；《非洲之行》讲述那里居住的人和动物。看纪录片虽然不能感受到风吹，闻不了花香，但至少可以让格格的眼睛和心灵走近不同的世界。

我也喜欢拍照，但更多是为格格拍，之后我们会一起欣赏照片里格格可爱的模样；或者也透过镜子欣赏镜中格格漂亮的样子。照片里的自己和镜子里的自己，虽属一静一动，但却可以让格格更多地认识自己、欣赏自己，增强自信，并在一动一静间开阔地了解自己，如此，存在感也会不断地被建立起来。

格格会问我，美好的时光能否留住？回答这个问题，难免有些无奈。因为时间是不断前行，世事又总在变化，我们唯一能做的就是将美好定格在照片里。格格明白了我喜欢给她拍照的原因，也愿意和我一起出现在照片里，是为了永远记住那美好的时光。

思考

生活中，身为父母的你是否与宝宝有过类似的对话？
当时你是如何回答的？

看了本案例的"心理约谈"后，对宝宝的类似问题，你准备如何回答呢？

61 工作难吗

格格坐在妈妈咨询室里的躺椅上。

格格：妈妈，你的工作难吗？
妈妈：嗯，热爱就不觉得难。
格格：我觉得最难的工作是发明家，他们要很聪明、很聪明的，错了还要继续。
妈妈：嗯，宝宝，这就是毅力。妈妈做的工作就是要帮助更多的人拥有棒棒的个性，成为发明家。
格格：工作需要能力，对吗？
妈妈：嗯，宝宝，能力是不断培养的。
格格：工作是一种游戏吗？
妈妈：嗯，这样想的话，工作会很开心。

心理约谈

孩子对父母工作的了解或崇拜，也是对父母本身的一种激励。

格格认为上幼儿园是学本领的工作。因此，在幼儿园"工作"时，她热情地投入，积极回答老师的提问，热情帮助同学，认真地完成老师交代的作业。无论刮风下雨，身体舒服与否，都无法阻挡格格去"工作"的热情，她是他们班级出勤率很高的小朋友。

我希望格格可以以我的工作态度为榜样，做到有所为有所不为，能够从父母身上看到努力工作之后所得到的快乐。逐步了解到——对于工作，首先要有一颗热情追求的心，再者要有自律的能力。我想这也是我能够传递给孩子，在其开拓梦想之路所应具备的最好的品德。

思考

生活中，身为父母的你是否与宝宝有过类似的对话？
当时你是如何回答的？

_____

_____

看了本案例的"心理约谈"后，对宝宝的类似问题，你准备如何回答呢？

_____

_____

62 我的梦想

妈妈：
为什么是蓝色的山？

格格：
哎，我没有见过多少山。我的山不要绿色不要黑色，蓝色的山感觉会宽阔。

是啊，我们曾入山林却很少望着远山。就像我只看到你的眼睛是那么美，如果远些，你的一切都很美。

——《蓝山》 步千竹 五岁

格格将小汽车拆了又装上。

格格：妈妈，我长大了要做发明家。
妈妈：真的啊？太好了。为什么呢？你不想做心理医生吗？
格格：发明家也会让人们幸福快乐的。
妈妈：哦，那你想要发明什么呢？
格格：发明变小药水，我变小了观察蚂蚁的眼睛、鼻子、嘴巴。发明不老药水，要妈妈永远美丽、永远年轻。
妈妈：哦，宝宝，你的梦想太美好，妈妈好想要这样的药水，可以永远不老，陪你一起看小蚂蚁。

心理约谈

小孩子的梦想千奇百怪。

我听过很多小朋友的梦想,大多来自崇拜,比如钢铁侠、钢琴家、舞蹈家、宇航员,或者厨师、公主、环卫工人等。在倾听宝宝讲梦想时,父母无论是欣喜还是抗拒,都要真诚地去支持她/他。不要嘲笑、不要生气,同时要询问宝宝为什么会有这样的梦想。

幼儿阶段的梦想通常不会持续很久,会随着事件、人物的影响而改变,但这梦想的小种子切记不可践踏,因为对于孩子来说这是希望,是一缕高悬于上空的阳光,需要被尊重和理解,更需要热烈的掌声。作为父母如果你也认为孩子拥有一条清晰的人生之路是自己的梦想的话,那么就像鼓励孩子一样先来鼓励自己吧!

梦想是理想的开始,从仰望天空的幻想到实际性的理想,要一步一步、脚踏实地地前行。如此,孩子在青春期时才不致迷失,才会有积极的人生方向。

思考

生活中,身为父母的你是否与宝宝有过类似的对话?
当时你是如何回答的?

_____

_____

看了本案例的"心理约谈"后,对宝宝的类似问题,你准备如何回答呢?

_____

_____

63 透过眼睛分好坏

格格：我告诉你一个秘密。
　　　如果你想知道别人是否喜欢你，你就看她/他的眼睛。
　　　如果你想知道别人是好人还是坏人，你也看她/他的眼睛。
　　　如果眼神是邪恶的，那她/他就是坏人。
　　　如果你想知我是否开心，你可以看我的眼睛，就知道我是真的不开心还是假装不开心。
妈妈：宝宝啊，你说得很对。
　　　还要记住，虽然能通过眼神看到真实，但我们却不能因别人的眼神慌乱。

心理约谈

格格四五个月大时，我抱着她，以商量的口吻跟她说："宝宝啊，你躺着，妈妈给你织毛衣，你同意吗？"宝宝笑了，我继续和她商量说："谢谢宝宝哦，妈妈就在你的身边给你织毛衣，待到秋天时，宝宝就可以穿上妈妈为你织的爱心毛衣喽。"说着说着，格格又笑了，然后我就放下她，让她躺在我的身边，一边织毛衣一边对着格格笑。

很多人会说那么小的孩子听得懂你说的话吗？说实话，格格似乎听不懂我在说什么，但她能从我的表情里感受到我的情绪、我的渴望。从婴儿时期，妈妈望着宝宝的眼睛说话，是对孩子观察力、洞察力以及情商的培养。请为孩子打开一扇世界的窗户，让她／他第一个看到的是你的笑脸。

人可以伪装、可以隐藏，但唯有眼神无法伪装、不能隐藏。长时间的眼神交流会让孩子学会观察并能学会自我保护。

思考

生活中，身为父母的你是否与宝宝有过类似的对话？
当时你是如何回答的？

_____
_____

看了本案例的"心理约谈"后，对宝宝的类似问题，你准备如何回答呢？

_____
_____

64 我为妈妈做家务

妈妈：宝宝啊，你为什么那么喜欢做家务啊？
格格好温柔地说：我喜欢做家务，现在为妈妈做，将来为我的老公做，再将来为我的孩子做，这是多么幸福的事情啊。
妈妈：宝宝啊，谢谢你为妈妈做，也希望你的老公像你疼他一样疼你哦。
格格：他会的。
妈妈：这娃娃是够自信的啊！
哦，我将来的女婿啊，希望你在你妈妈那里好好长大，将来疼我女儿哦。我先在心里抱抱你。

心理约谈

孩子的独立性，是父母鼓励出来的。格格一岁大时就要帮我穿袜子，我就热情地鼓励她做这件事。虽然我用很短的时间就能完成的事，格格却用了40分钟，但我依旧很开心。

格格慢慢长大了，她变得喜欢做家务，洗衣服、擦玻璃、洗浴缸、拖地，甚至下面条给我吃。格格背着幼儿园的小被子走在路上，我好多次想要去帮她，但她对我说："妈妈，我可以的，累的时候我会找你帮忙。"。

望着宝宝努力前行的小小背影，我虽然有些心疼但却咬牙坚持着不去帮忙。因为我深知，雄鹰终会展翅翱翔，虽然格格小如雏鹰，但她的独立性也会成为她的隐形翅膀，在她最需要的时候展开飞翔。父母给孩子最好的爱便是放手，让孩子高飞。

思考

生活中，身为父母的你是否与宝宝有过类似的对话？
当时你是如何回答的？

_____

_____

看了本案例的"心理约谈"后，对宝宝的类似问题，你准备如何回答呢？

_____

_____

65 医生要穿白衣裳

格格递给妈妈一件白色的纱衣。

格格：妈妈，我觉得你的工作很可怕。你穿上这件衣服就可以抵抗黑暗和恐怖给内心带来的伤害了。
妈妈：哦，宝宝，为什么穿上这件衣服就可以抵抗伤害呢？
格格：神仙都喜欢穿白色的衣服。
妈妈：这是一个好办法，谢谢你，宝宝。
　　　妈妈的内心是强大的，不用穿，而且每个来访者都有自己悲伤的故事……
格格说：好吧，我还不够强大，我来穿。

心理约谈

格格自己有一套应对恐惧或者害怕的方法。

比如生病时,她会说这是一场梦,梦醒了一切就都好了。也许宝宝的应对方法有些可爱和可笑,但她能以这样积极的心态来面对问题就已足够。随着年龄的增长以及父母的指引,相信宝宝将获得更好的方法,内心也会变得更加强大。

对于父母而言,黑夜也许是宁静;但对于幼儿来说,黑夜很可能是害怕。所以父母要尽量站在孩子的世界去体会她/他的感受,并以成人的力量去引导。

这就是"接受-帮助-提升"的过程,而最终,孩子的逆境情商值会越来越高。

思考

生活中,身为父母的你是否与宝宝有过类似的对话?
当时你是如何回答的?

看了本案例的"心理约谈"后,对宝宝的类似问题,你准备如何回答呢?

66 爱要说出来

——《红枫爱恋》 步千竹 五岁

格格：
妈妈，我们胸贴着胸。

妈妈：
为什么要贴着啊？

格格：
你能感觉到我的心跳，
我也能感觉到你的心跳。
我们这样就是心连心。

格格眨着黑亮的眼睛看着我，认真地说：妈妈，如果你爱一个人，你要对他说出来。要不，他不知道你爱他。

妈妈：哦，宝宝，我爱你。
格格：哎，这个你经常说，我知道。
妈妈：哦，那我换一个人，老公，我爱你。
格格：哎，这个你也经常说，爸爸知道。
妈妈：哦，宝宝，妈妈听你的建议啊。
格格：这话我是说给自己的，分享给你喽。

心理约谈

幼儿如何理解爱呢？如何从行为中理解爱的情感呢？

父母每天为孩子付出，孩子会如何看待父母的这份爱？认为父母是应该的，还是认为这是父母发自内心的爱？

如果我们能适时地对宝宝说出"我爱你"，她／他的记忆系统会对父母的行为进行总结：哦，这就是爱。直到某一天，宝宝拿起大苹果给你，说"妈妈吃大苹果，我吃小苹果，因为我爱妈妈"，或者说"妈妈，我来给你做饭，因为我爱你"。即使在学习时，妈妈严厉地要求，她也会认定这是爱。

爱是人类最需要的情感，爱的方式却不是最完美的。

爱到光明之处，生命充满希望与力量。爱到灰暗之地，控制挣脱与强烈叛逆。如何拿捏爱的尺度，对于父母来说非常重要。以爱的方式给予温暖，禁止以爱之名去绑架；引导孩子在爱的世界里学会包容与宽容。引导幼儿情商的关键在于将其情感中的美好升华。

思考

生活中，身为父母的你是否与宝宝有过类似的对话？
当时你是如何回答的？

_____

_____

看了本案例的"心理约谈"后，对宝宝的类似问题，你准备如何回答呢？

_____

_____

67 如何让别人开心

格格：你知道怎样让别人开心吗？
妈妈：哦，宝宝，怎么做呢？
格格：自己开心幸福了，别人就会开心了。
妈妈：哦，这是你自己感悟的，还是听别人说的？
格格：我自己感悟的。
妈妈：是的，我的宝贝。这个世间，爱你的人、喜欢你的人一定会是这样想的。

心·理约谈

林微因语：你若安好，便是晴天。

这是一种与外在环境无关的自我修整状态。据说三毛也写过：你若盛开，清风自来。其强调展现自我，对外在有所期待。现在网络流行一句话：我若盛开，清风爱来不来。强大自我的同时，也对外在的现实呈现出预知和接纳。无论他人如何看你，你需要的就是先做好自己。一个连自己都不爱的人，凭什么要别人来爱你？当然，做好自己外，也要明白不是所有人都会欣赏你，但要相信爱你的人一定会为你开心。

幼儿人际交往的世界是缩小版的成人世界，虽没有成人交往的复杂与心机，但却极为真实和简单。小朋友会因为他人不喜欢自己、被嘲笑胖或者矮、遭遇小团体的排挤或歧视而难过。他们不仅需要家人的喜爱和认同，更渴望他人的关注和欣赏。如果我们意识到宝宝的失落或者伤感，可以引导她/他先做好自己，并且积极看待"清风的来或不来"，宝宝最终可以做到就算"阴雨连绵"也一样欢笑。

思考

生活中，身为父母的你是否与宝宝有过类似的对话？
当时你是如何回答的？

_____

_____

看了本案例的"心理约谈"后，对宝宝的类似问题，你准备如何回答呢？

_____

_____

68 有没有神仙呢

格格站在一堆石头刻的雕像面前。

妈妈：宝宝，你认为这个世上是否有神仙?
格格：好人会有神仙，坏人想有也没有。
妈妈：怎么区分好人和坏人呢?
格格：好人善良，坏人邪恶。
妈妈：你为什么选了这个雕像来守护你?
格格：有三个原因：第一，她面前有苹果和香；第二，她在最中间，应该是最好的；第三，她的脸像妈妈……

心理约谈

我们不得不承认,人类无意识的、本能的恐惧是存在的。比如幼儿对黑暗的害怕,对长相奇怪的人或动物的抗拒,对未来的不确定以及对消失一切的害怕。当然,幼儿三岁之前,其安全感来自母亲温暖的怀抱。六岁之前来自父母共同的关爱。进入青春期后,父母给予的安全感显然不足以应对恐惧,此时孩子自我给予的力量才是关键。如果不能在儿童时期建立一个自我保护系统,那么隐藏于心底深处对世界的疑问会不断出现,很容易造成孩子的迷失和忧伤。

我深知自己的力量有限,为此早早做了准备。怀孕时我在衣服上挂了一个Q版小观音。宝宝出生后,将它挂在床头。等她会说话的时候,指着小观音说:这是妈妈。格格上幼儿园前一天问爸爸,怎么没有Q版爸爸。爸爸进了书房拿出一个小关公说:有,这个就是爸爸!第二天,格格带着"观音"和"关公"上幼儿园了,她没有焦虑,安全感帮助她顺利地适应了第一次大的环境改变。

"观音妈妈"的第二个意义在于:假如有一天我不在了,也能将孩子的痛苦减到最低,我希望女儿始终相信:我在与不在,爱都存在。这样做不仅能培养她的安全感,也帮助她拥有相信的能力,使她对生命的变幻产生早期的自保意识。不是所有人都有宗教信仰,能够守护自己孤独的灵魂。在那一刻,母爱就如天使一样守护自己的宝宝,而宝宝也会产生更强大的力量来面对分离。

思考

生活中,身为父母的你是否与宝宝有过类似的对话?
当时你是如何回答的?

_____

_____

看了本案例的"心理约谈"后,对宝宝的类似问题,你准备如何回答呢?

_____

_____

69 我也当过小乌龟

格格：妈妈，我也有像乌龟的时候，跑步也跑不过别人。
妈妈：哦，宝宝，那你失望吗？
格格：不会的。妈妈也是这样啊，有时候是小白兔，有时候是小乌龟。
妈妈：嗯，宝宝，这就对了。
没有人能将所有的事情都做得棒棒的啊，我们努力就好啦！
妈妈好爱如小白兔的你，也好爱像乌龟的小格格哦。

性格完善篇（六）

心理约谈

如何让宝宝在欣赏自己的优点时不骄傲，在接受自己的不足时又不自卑呢？我们知道，如果可以在宝宝幼儿阶段对其进行用心的引导，那么宝宝由此产生的良好的心理状态将持续在她／他的整个人生中，在其长大后就可以坚定地排除外界各种干扰的声音，做自己想做的事情，可以对自己的能力有客观的预知，能够接受自己，绽放自己最好的一面。

那么父母该怎样做呢？首先，父母中要有一个强者，而这个人最好是父亲。父亲无需让着孩子，比如学习或跑步时……这样看似压制的行为不但可以防止宝宝骄傲，反而会让他们更努力。妈妈最好做最弱的那个人，可以有心地让着宝宝，如此可以提升宝宝的自信。比如三人一起比赛跑步，如果爸爸是第一名，妈妈就要让宝宝相信总有一天，努力的小宝宝会超越爸爸。妈妈一定是最后一名，爸爸要让宝宝明白，妈妈虽然像小乌龟一样跑得很慢，但却一直在努力，并且妈妈是在开心地奔跑。在格格四岁之前，我们一起玩、一起创作的时候，我是真心让着她。在格格五岁时，她的潜能得以爆发，而我也输得心服口服。她的画越来越自由灵动，色彩掌控也越来越好；钢琴曲谱一次就能学会，不到四个月的时间就能准确而有感情地演奏出五首曲子。无论是难度系数很大的《土耳其进行曲》，还是节奏舒缓的《初雪》都弹得非常棒，而我一首都无法弹奏下来。于是我成为了格格忠实的粉丝，而格格做了爸爸的小小粉丝。因为有一个"乌龟妈妈"，她也学会了接受自己的不足，也学会了像妈妈一样努力且微笑着前进。

思考

生活中，身为父母的你是否与宝宝有过类似的对话？
当时你是如何回答的？

_____

_____

看了本案例的"心理约谈"后，对宝宝的类似问题，你准备如何回答呢？

_____

_____

70 爸爸会哭吗

> 有朝一日，
> 我们会穿越层层迷雾，
> 突然顿立在空无一物的
> 爱面前。

——《迷失沙漠》 步千竹 五岁

格格：爸爸，你会哭吗？
爸爸：不会！
格格问妈妈：爸爸会哭吗？
妈妈：哦，宝宝，爸爸不会让你看到他哭，如果你看到他哭，你的心会痛。
格格：那爸爸的心会更痛！
妈妈：嗯，女儿，爸爸非常坚强，只为你哭过……

心理约谈

精神分析学派在分析一个人童年与父母的关系时发现：父亲对女孩的影响关系到她成年后是以创伤的心理还是以欣赏的眼光来找寻伴侣，其婚姻是否会幸福；男孩将会是父亲的翻版，即一个压抑的影子，或者是超越父亲的自己。父亲，应该知道自己有多么重要，尤其是在孩子的童年时期。

在临床心理咨询所遇到的成人案例中，有一个男人悲哀地说："我知道父母是爱我的，但不得不承认他们是用养猪的方式来养我。"

早期社会的父亲只负责赚钱养家，母亲一个人管吃管住的养育方式已经被摒弃。现代教育方式提倡父亲不能忽视，更不能缺席孩子的教育，而要关注孩子的心灵成长。

该如何做一个好父亲呢？其实就一条：小时候陪着玩，上学后做孩子的好朋友。父亲无需像母亲一样细腻柔情，而应该粗犷、大气、坚强，有思想、有魄力、有能力。不能像女人一样唠唠叨叨，更不能小肚鸡肠。不能暴躁的对待孩子，更不能漠视她/他。父亲对孩子可以不说"我爱你"，但父亲的行为一定要让孩子确认你爱她/他！

思考

生活中，身为父母的你是否与宝宝有过类似的对话？
当时你是如何回答的？

_____

_____

看了本案例的"心理约谈"后，对宝宝的类似问题，你准备如何回答呢？

_____

_____

71 妈妈要照顾我多久

格格：妈妈，你要照顾我到什么时候？
妈妈：哦，女儿，到你 18 岁。那时你已经有棒棒的身体，棒棒的本领，你会有自己的爱人，妈妈就在你身后默默地看着你。妈妈现在已经努力了五年，照顾你的身体、你的眼睛、你的心灵，妈妈还要和你一起学本领，一直到你最美的年纪才放手。
格格哭了：妈妈，你对我太好了，那天，我说你不懂我，其实我没有懂你。
妈妈：哦，女儿，也许你现在还不能完全懂妈妈的心思。没关系，我的宝贝，慢慢来。
女儿啊，这世上的事啊，不管是一瞬间的懂，还是一世的未懂，那又如何？毕竟我们爱着。

心理约谈

人生在世，拥有许多不同的关系。

比如，夫妻、母子、兄妹、朋友……人们通过关系的亲疏远近来确定情感的投入程度。越是亲近就越是爱，也就更期待对方的理解。其实，再亲密的关系也不能做到事事都能理解，并瞬间秒懂对方的心思。然而，尽管如此，还是会有很多人在期盼中失望。

有一位妈妈愤怒地对孩子说："我为你付出那么多，你为什么就不能理解，就不能懂妈妈的苦心，就不能认真地做作业呢？"这样的愤怒既对孩子无益，更不利于让她/他懂你。

我喜欢对格格说"宝宝，没关系，慢慢来"。
且不要说小小的孩子不能懂你，就算日夜相守的丈夫，养育自己的父母也未必能做到事事理解。接受这样的现实不是要让我们忧伤与绝望，而是让我们可以更加积极耐心地等待对方的理解。

思考

生活中，身为父母的你是否与宝宝有过类似的对话？
当时你是如何回答的？

看了本案例的"心理约谈"后，对宝宝的类似问题，你准备如何回答呢？

72 和爸爸妈妈做游戏

妈妈：宝宝，我有魔法，想让爸爸干什么他就干什么。
于是妈妈对着爸爸喊：来，扭头。爸爸很配合地扭过头来。
妈妈要爸爸亲亲，他也做了。
当妈妈要爸爸喊汪汪的时候，爸爸不搭理妈妈了。
格格也要试试：爸爸，扭头、亲亲、汪汪。
爸爸全照做了，并且还有一脸的媚笑。

格格认为她的魔法比妈妈的厉害。

妈妈：宝宝，知道你的魔法为什么厉害吗？
格格：爸爸爱我比爱你多。

性格完善篇（六）

心理约谈

家庭关系中，最重要的是夫妻关系，其次是亲子关系。
在临床个案中，产后六个月来做心理调整咨询的，大多与夫妻情感有关。

如果孩子处于父母感情良好的家庭，则积极乐观、自信勇敢、身心健康；反之，如果孩子处于争吵压抑的环境，则会缺乏安全感、怯懦逆反、内心浮躁并且消极。父母如果重视孩子心智的发展，那么最先要做的就是巩固夫妻感情，为孩子创造一个充满爱与温暖的环境。

当孩子所处的家庭是和谐的、温馨的、充满乐趣的，那么孩子的发散性思维将会变得更加活跃。

思考

生活中，身为父母的你是否与宝宝有过类似的对话？
当时你是如何回答的？

_____

_____

看了本案例的"心理约谈"后，对宝宝的类似问题，你准备如何回答呢？

_____

_____

73 妈妈总是很开心

悄悄的我走了，
正如我悄悄的来；
我挥一挥衣袖，
不带走一片云彩。

——徐志摩

——《云》 步千竹 五岁

格格：妈妈，为什么你每天起床后都这么开心啊。
妈妈：哦，宝宝，妈妈有你啊，你看阳光洒进窗户……
格格：如果我害怕蜜蜂，我能打它吗？
妈妈：哦，宝宝，不能打它啊。
　　　小蜜蜂既勤劳又可爱，并且我们打也打不过它，因为它会用决裂的方式保护自己，所以我们躲着它吧！宝宝，快来，妈妈给你摇摇花瓣雨。

心理约谈

母亲是孩子的一面镜子，我们会从孩子的表情或情绪里找到母亲的影子。

如果母亲是常常微笑的，她的孩子也会笑容满面；如果母亲是焦虑的，她的孩子也会露出焦虑；如果母亲的额头总是皱着的，那她的孩子也会模仿皱起小眉头……

无论是男孩还是女孩，在六岁之前，孩子与母亲的情绪都表现出了惊人的相似。

因此，母亲的角色非常重要，做一个坚强、积极、勇敢的母亲，让自己成为提升孩子的乐观和自信最好的榜样吧。

思考

生活中，身为父母的你是否与宝宝有过类似的对话？
当时你是如何回答的？

_____
_____

看了本案例的"心理约谈"后，对宝宝的类似问题，你准备如何回答呢？

_____
_____

74 为什么不能天天过节

妈妈牵着格格的手,走在去幼儿园的路上。

在路上,我和格格听到一个小女孩问自己的妈妈:为什么不能天天过儿童节呢?
女孩的妈妈:没有为什么,没有就是没有。

格格听到了也问妈妈:为什么不能天天过儿童节呢?
妈妈:哦,宝宝,仅一天的儿童节,会显得很珍贵,所以我们憧憬并期待着这一天的到来。
事实上轻松的日子并不是天天都有,而妈妈只盼望你每天都可以开心快乐。
节日带给我们的意义就是要妈妈记得给你美好的童年,而妈妈也为此在努力着。

心理约谈

如何给孩子解释重要而美好的节日？解释这个问题又有何意义呢？

生活并不是简单的吃饭睡觉，如果仅仅是这些，只能称之为生存。为平凡、单调的日子注入快乐，使其有所期盼，这才是生活。正如一年只有一天的儿童节，会让我们懂得它的"珍贵"。往往越是珍贵的日子，人们付出的比往日越多。拿过年来说，打扫、准备年货、踏上归乡之路；又如六一儿童节，小朋友们会提前很久就开始准备表演节目，等等。我们为那一天快乐地付出，并期待那一天的到来。

当期盼的幸福结束，我们又开始"期待－付出－收获"。
整个过程就是浓缩版的人生，它教会我们愿意付出、懂得珍惜，更懂得生命需要激情。

节日本身的意义在于纪念，当我们回首往昔岁月时，能记住的美好又有多少呢？
让我们和孩子一起兴奋地准备、期待并创造美好的回忆。

思考

生活中，身为父母的你是否与宝宝有过类似的对话？
当时你是如何回答的？

看了本案例的"心理约谈"后，对宝宝的类似问题，你准备如何回答呢？

75 什么是精神分裂

——《孤岛》 步千竹 五岁

这个世界
怎能没有黑暗，
它会让我们
有所期待，
充满希望。

格格拿起妈妈的专业书籍，翻了翻，然后找出一词，问道。

格格：妈妈，什么是精神分裂？

妈妈：哦，宝宝，就是没有的认为会有的，不可能出现的认为出现了。

格格：假如我睡在幼儿园的床上，如果我看见妈妈出现在我的面前，我会不会精神分裂了？

妈妈：哦，宝宝，期待的内心和幻觉是不一样的。

格格：如果我有了魔法，洋娃娃对我说话，会不会精神分裂呢？

妈妈：哦，宝宝，你知道游戏是假的，对吗？

格格：如果妈妈认为爸爸爱你，其实爸爸不爱你，会不会是精神分裂？

妈妈：哦，宝宝，无论这个世界多么地眩晕我们的眼睛，但只要我们用心去判断，就可以知道这是真实还是幻觉。有些东西确定存在，就要相信自己，就如相信自己的梦想会实现一样。

心理约谈

尽管有时，在与格格对话中，我漏洞百出，也经常笑呵呵地掉进她挖的坑中，但我还是喜欢与她聊天。大人以为小孩子听不懂的话，宝宝却会浮想翩翩；大人认为小孩子可能似懂非懂的问题，宝宝似乎在一念之间就变得清晰起来。

只有用心去感受、一步步地探求，才越能走近真相。如果我们因为恐惧而抗拒真相，那么心就会逐渐封闭起来，并且迷失方向。症状轻者会因情绪低沉而抑郁，重者则会逃避现实并沉浸于自我世界，极端者则会创造一个更恐惧的世界。据临床所见，精神分裂患者所出现的幻觉大多恐怖，而不是美好。

谁也不能保证人生会一帆风顺，多数人都非常清楚自己的境地。如何面对自己的精神世界呢？需要先了解精神世界的不倒法则：不可推开苦难，不要抗拒黑暗，不断强大自我！作为母亲，要从小教会孩子用心去感知世界，有勇气去面对挑战，如此，她／他的未来才会更美好。

思考

生活中，身为父母的你是否与宝宝有过类似的对话？
当时你是如何回答的？

_____

_____

看了本案例的"心理约谈"后，对宝宝的类似问题，你准备如何回答呢？

_____

_____

76 妈妈在黑暗里也很美

格格和妈妈在黑夜里相拥着。

格格：妈妈，你知道我怎样在黑暗里找到你吗？
妈妈：哦，宝宝，怎么找到的呢？
格格：只需要一点点的光，我就能看到你脸的轮廓，因为你的脸在黑暗里也很美。
妈妈：哦，宝宝，妈妈也能在黑暗里找到你。虽然漆黑一片，但妈妈闭着眼睛也能想到你的模样。
格格：妈妈，我唱歌给你听。
　　　"想你时，你在天边；想你时，你在眼前；
　　　想你时，你在脑海，想你时，你在心间……

心理约谈

曾经有人做过这样的测试，让母亲和小孩子分别给对方打分。

最终的答案却感动了无数人：几乎所有的小孩子都给妈妈打了满分。在幼儿的心里，母亲的地位举足轻重。如果将孩子的测试年龄定义在 6-15 岁，这时他们给母亲的分数还会这么高吗？我相信应该会有变化。不是因为母亲不再重要，只是孩子是否还能如初看待她们。

如果我们从孩子那里获得了强大的存在感与被需求感，那么作为母亲要不改初心，冷静地对待孩子成长的每一步，不轻易地失望，更不轻易地放弃。始终记得自己是孩子强大的保护伞。如果这把保护伞不能遮挡风雨，孩子在苦恼时又该找谁来倾诉？该寻求谁的帮助呢？好母亲不只要做孩子的好老师，还要做孩子一生的好朋友。

思考

生活中，身为父母的你是否与宝宝有过类似的对话？
当时你是如何回答的？

_____

_____

看了本案例的"心理约谈"后，对宝宝的类似问题，你准备如何回答呢？

_____

_____

77 为什么爸爸不洗碗

妈妈在厨房洗碗，格格陪着。

格格：妈妈，为什么你洗碗，爸爸从不洗碗啊？
妈妈：哦，宝宝，因为爸爸做饭，妈妈就洗碗，每个人有不同的分工。
格格：妈妈你也做饭啊！晚上你包饺子了啊。
妈妈：哦，宝宝，说实话，你爸爸不喜欢洗碗，妈妈爱爸爸，这点事妈妈可以做。
格格：那爸爸不爱你吗？
妈妈：哦，宝宝，男人和女人表达爱的方式不一样。
格格：我觉得应该这样，爸爸做饭妈妈洗碗，妈妈做饭爸爸洗碗。
妈妈：哦，宝宝，我同意，你可以告诉爸爸。
后来，格格爸爸同意洗碗了。

心理约谈

在格格面前,我从不回避表达对先生的爱。

我相信自己的感情是积极美好的,这也是对格格很好的情感引导。女儿从小看到父母相爱、彼此照顾,她的情感也充满正能量。

相爱的人能彼此包容忍让、互相尊重,也不必失去自我。当我们因为爱而付出的时候是会充满动力的,诸如做家务都可以哼着小曲。

夫妻之间彼此的争吵抱怨等不和谐,会让敏感的孩子更加忧伤,让活跃的孩子逐渐暴躁。对于孩子爱的培养,需要从家人开始,引导和影响孩子以积极的方式来爱人。

思考

生活中,身为父母的你是否与宝宝有过类似的对话?
当时你是如何回答的?

看了本案例的"心理约谈"后,对宝宝的类似问题,你准备如何回答呢?

78 妈妈的疼痛

——《悬崖》 步千竹 五岁

妈妈：
闭上眼睛想一想，如果你站在山顶，你会呼喊什么呢？

格格：
妈妈，我爱你！

格格：妈妈，我很想要个弟弟或者妹妹，但又有一点点不想要。
妈妈：哦，真的吗？为什么呢？
格格：如果你再有一个宝宝，你的"奶奶"会很疼，你的衣服会被扯坏，你会变得胖胖的。
妈妈：哦，宝宝，这倒是，谢谢你为妈妈着想。
　　　妈妈拥有格格的时候很神奇，一点儿都不觉得疼，不觉得胖，再说这些妈妈都不在乎，因为妈妈眼里就只有你。

心理约谈

对于幼儿来说，收获的同时要付出一些代价或许有些沉重，可这就是现实的人生。

如果宝宝察觉到了，那么就应该从正面给予肯定，且要她/他了解，爱的代价是多么的伟大：像孕育、学习、追求等，其过程如凤凰涅槃，浴火重生；也如经历千辛万苦登上山巅所收获的高峰体验……没有抱怨、不觉得委屈，更不会后悔。

人的"本我"寻求舒适安逸，懒惰且怕苦怕疼；超我却期待成功甚至完美。因此自我就需要强大的心理力量来协调两者。人性里的"本我""自我""超我"越早的和谐统一，对人的个体成长越有帮助。也就是说，我们应该确定自己要说什么，如何去承担，如何去来克服必须的困难。就如格格现在一样，喜欢上了钢琴，可以不在乎手腕疼，不在乎枯燥，可以一遍遍地弹奏着。

思考

生活中，身为父母的你是否与宝宝有过类似的对话？
当时你是如何回答的？

看了本案例的"心理约谈"后，对宝宝的类似问题，你准备如何回答呢？

79 时光可以停止吗？

妈妈：
伞怎么不在手上？

格格：
扔了，走进雨里。

——《雨》 步千竹 五岁

格格：时间是令人心碎的东西，时光太快了。
妈妈：是哦，宝宝，所以我们要好好珍惜时光。
格格：可以让时光停止吗？像现在这样你搂着我。
妈妈：哦，宝宝，也许时光可以静止在我们心里。

心理约谈

人生由我们自己掌控的东西并不多。

我总说：现实无法改变的时候，一定会有方法来解决，这个方法就是心态。当美好悄然逝去前，我想总应该有办法让它成为永恒。也许是通过一首歌、一幅画，或者是一张照片……总归，我们知道它存在过，并一直深藏于心底。

其实，心碎的不是时间，而是变化。愿你我可以掌控这变化，享受这岁月的美好。若无法掌控，那么试着去接纳，并学着放手，期待它可以慢慢变好。我们能给予孩子的就是这份积极的心态以及对孩子不变的爱，愿这些在其幼小的心里化作最美好的回忆。

思考

生活中，身为父母的你是否与宝宝有过类似的对话？
当时你是如何回答的？

_____

_____

看了本案例的"心理约谈"后，对宝宝的类似问题，你准备如何回答呢？

_____

_____

80 妈妈有人陪

妈妈趁空闲织着毛衣；爸爸坐在妈妈的右边，在电脑上忙碌着，有一句没一句地搭话；格格坐在妈妈的左边，吃着冰激凌。

格格：妈妈，你很幸福，有人陪着你。
妈妈：是啊，宝宝一直陪在我身边。
格格：我说的不是我，是你老公。
妈妈：哦？爸爸陪我就幸福啦？
格格：对啊！爱你的人才会陪你。

心理约谈

有这样一句话：陪伴是最长情的告白。陪伴意味着爱。无论你陪伴的是你的孩子、你的爱人还是你其他的家人。格格说的这句"爱你的人才会陪你"让我好温暖！尽管格格爸爸说过，"人的心灵会在某刻孤独，就算有人陪伴着也无法改变的孤独"，但因为陪伴，孤独就不再凄凉。

经常有父母陪伴的小朋友是快乐的、有安全感的，就算父母没有用言语表达出来，孩子也会体会到爱的温暖。爱，不是厮守、不是约束，是陪伴。无论如何，在孩子的成长中，父母要尽可能多地陪伴。

思考

生活中，身为父母的你是否与宝宝有过类似的对话？
当时你是如何回答的？

_____

_____

看了本案例的"心理约谈"后，对宝宝的类似问题，你准备如何回答呢？

_____

_____

81 给妈妈做心理分析

格格陪妈妈去看牙医。医生说要给妈妈拔牙，妈妈却说要先给爸爸打个电话。

格格站在边上说：你老公一定同意你拔牙的。
妈妈傻傻地笑：还是问问爸爸吧。
格格又问：钱不够吗？
妈妈：够的。
格格刨根问底：那你是紧张吗？
妈妈：宝宝啊，你懂妈妈就好。
格格：妈妈，我会陪着你，给你加油的！

心·理约谈

我们应该在积极的人生观的指引下，做一个真实的母亲。

真实的母亲会有脆弱、会有紧张，也会有不自信的时候。培养孩子也需要从孩子角度出发，从共情开始。共情就是你也有过的情绪和感受。如果你害怕打针，不必装得很强大，可以真实地表达自己的惧怕，即便你的宝宝会取笑你。

如果上台表演，不必装得很自信，可以告诉宝宝你也紧张，宝宝会像理解自己一样理解你，给你加油！母亲无需在孩子面前屹立不倒，倒了还能笑着爬起来，就是对宝宝最好的激励。最好的亲子关系，是彼此理解、彼此鼓励，一起面对、一起成长。

思考

生活中，身为父母的你是否与宝宝有过类似的对话？
当时你是如何回答的？

_____

_____

看了本案例的"心理约谈"后，对宝宝的类似问题，你准备如何回答呢？

_____

_____

82 为什么要蹲着小便

格格：
我好想推开这扇门看看门外有什么。

妈妈：
哦，宝宝，我们一起来想想。

——《神秘之门》 步千竹 五岁

格格：为何男孩站着嘘嘘，女孩坐着嘘嘘呢？
妈妈：男人要顶天立地，所以喷高高；
　　　女人要亲和大地，所以蹲着滋润大地。

心理约谈

对幼儿的性别教育，不仅是让她/他学会区分男女的不同之处，还要让她/他学会辨别男性女性的气质。女孩子应该柔和如水、坚如梅花。男孩子应该豪爽大气、勇敢刚强。

性别的教育应始于最初的"人从哪里来"，父母要认真地回答宝宝关于生命起始的问题，不要对问题羞于出口。到了宝宝识别自己性别的阶段，父母首先要从生理的不同开始教导。有的母亲总对孩子说女人命苦，女宝宝会怎样想呢？母亲应该骄傲地认可并阐述女性的魅力。

父母不应只是单单地教会宝宝认识自己的性别，更重要的是引导宝宝确定相应的气质，而这种气质最终将决定孩子会成为一个怎样的男人或女人。

思考

生活中，身为父母的你是否与宝宝有过类似的对话？当时你是如何回答的？

看了本案例的"心理约谈"后，对宝宝的类似问题，你准备如何回答呢？

83 爸爸的胸不好玩

格格洗澡时说：我不喜欢爸爸的"奶奶"（乳房）。
妈妈：为什么呢？
格格：没感觉。
妈妈：那你喜欢自己的吗？
格格：我的是小不点，也不好玩。
妈妈：宝宝啊，它现在是小不点，有一天会变成最珍贵的小馒头。

心理约谈

幼儿的性教育从宝宝对自己的身体产生好奇开始。最好的性教育是：让孩子喜欢自己的身体并保护它。关于宝宝的隐私部位，要以"珍贵"为引导方向，只有自身爱惜这份"珍贵"时才不会随意让别人碰触，以防性侵。不论女孩子还是男孩子，我们都要引导他们重视珍贵的身体。生活中，男童被性侵的经历给男孩的成长和未来生活带来巨大阴影，而这样的案件却多数被隐藏着。童年有过类似经历的男性来找我做心理治疗时说：当时，那个坏叔叔摸我的时候，我什么都不知道，以为他是在和我玩，长大后才知道，他是在玩我，可我已经被他玩坏了。

到了青春期时，性教育会更细致而直接，那时孩子会通过各种途径了解到性知识。经过多年对身体"珍贵"的认识，即使受荷尔蒙的刺激，孩子也不会轻易地、随便地发生性行为。只会在合适的年龄，成熟的心理状态下才去感受性的美好。

让我们对孩子大方地讲出：你的身体如此珍贵，要好好珍惜并保护它！

思考

生活中，身为父母的你是否与宝宝有过类似的对话？
当时你是如何回答的？

看了本案例的"心理约谈"后，对宝宝的类似问题，你准备如何回答呢？

84 妈妈，对不起

格格从小身体比较健康，只是在三岁时生过一场大病，是因发烧咳嗽引起哮喘，被送进了医院的重症监护室，当时医生还发了病危通知书。平安夜住进医院，出来时已是第四天的下午两点。重症监护室的大门被推开时，格格戴着一顶小红帽躺在推车里。在看到妈妈的那一瞬间，她忽然坐了起来说：妈妈，对不起，我离开了你那么久……

后来，格格告诉妈妈那四天是如何度过的：
我想念妈妈时，就摁床上的泡泡，想一次摁一次，泡泡都被我摁光了。
我想念爸爸时，就看窗外的灯，它们闪啊闪，我知道爸爸妈妈一定在外面等我。

妈妈听后，心痛得久久无言，只是紧紧地抱着女儿。

心理约谈

只有当真正的危难来临时，
我们才会知道自己是否真的勇敢。

无论是哭喊或是抗拒，
只有当你独自面对苦难和疼痛时，
那些埋藏于心底深处的情感才会被点燃，激发出面对挑战的勇气。

对幼儿的情商培养应如细雨润物无声般，滋润着孩子的心灵，
在她／他需要时给予帮助。

思考

生活中，身为父母的你是否与宝宝有过类似的对话？
当时你是如何回答的？

_____

_____

看了本案例的"心理约谈"后，对宝宝的类似问题，你准备如何回答呢？

_____

_____

85 你会爱上我吗

妈妈：
这个世界，
无论你的舞台有多大，
永远都会有一个人喜欢你、欣赏你、赞美你！

格格：
这个人是妈妈！

——《夜中的光》　步千竹　五岁

格格：妈妈，如果我是一个男孩，对你说一句话，你会爱上我吗？
妈妈：试试看，你要说什么呢？
格格拉着妈妈的手：人生并没有你想的黑暗。
妈妈瞬间爱上了格格。

心理约谈

格格的这句"人生并没有你想的黑暗"送给天下所有的父母。
这个世间一定会有人对我们的孩子产生质疑和猜忌，
但那个人最好不是作为孩子父母的你。

我们应该是孩子最坚强的后盾，最温暖的港湾，
永远不要对我们的孩子失望，要永远支持和鼓励她／他，
做孩子永远的好朋友，与她／他一起经历风雨，
一起感受生命中最美好的时光。

思考

生活中，身为父母的你是否与宝宝有过类似的对话？
当时你是如何回答的？

看了本案例的"心理约谈"后，对宝宝的类似问题，你准备如何回答呢？

---

86 妈妈眼里的小格格

女儿啊！妈妈记得你的一切。
你会用手摆正我的脸，闪着黑亮的眼睛说：看着我，你的宝宝。
你会安静地看着窗户，等我回来。
抱着我的后背，等我醒来。
坐在我身旁说：妈妈，你还有我。
趴在我的身上说：我好想你，你背着我，我不冷了。
我要抱你，你说：不了，妈妈你太累。
捧着我的脸哭着说：妈妈，你不要死。
离家时，你会吻别我。
相见时，你会扑倒在我怀里。
你说你有颗玻璃心易碎；
你说你做不到心如大海。
没关系，我的宝贝，
总有一天——
你能如鹰飞翔，拥有金子的心。
你会笑看花开，实现梦想般，
我会陪着你一直走下去……